내 인생은
어떤 얼굴을 하고 있는가

내 인생은
어떤 얼굴을 하고 있는가

길해 지음

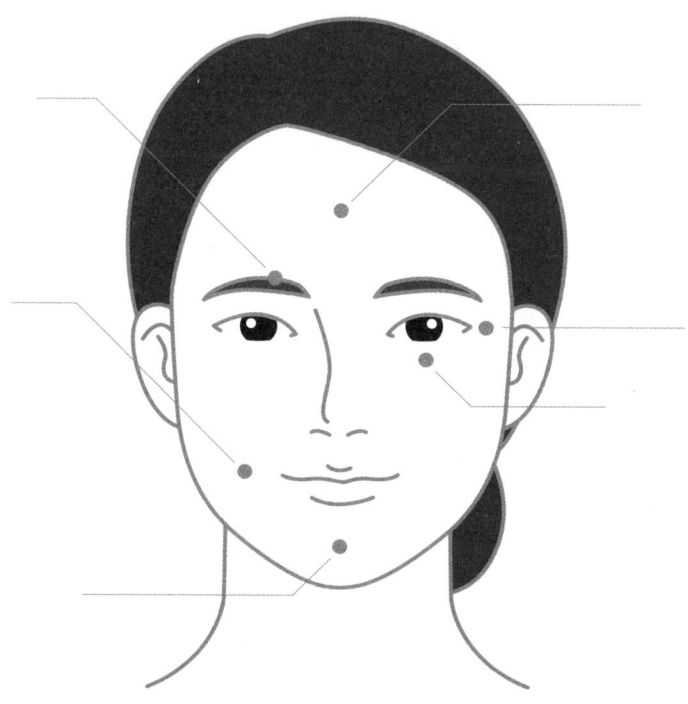

들어가는 말

제가 관상에 관심을 가지게 된 것은 지금 생각해 보아도 우연이자 필연이었던 것 같습니다. 사실 그 시기에 저는 저의 배움을 이어갈 명리학 선생님을 애타게 찾고 있었지만 좀처럼 인연이 닿지 못해 초조했던 시기를 보내고 있었습니다. 공부를 이어가야 이 초조함을 누를 수 있을 것 같았던 시기에 마침 관상 수업 공지를 우연히 보게 된 건 지금 생각해도 운명인 것 같습니다.

가벼운 마음으로 관상학에 입문했던 저는 그 수업이 끝이 난 후 배움을 이어가고 싶어 배울 수 있는 기회를 달라고 1년 정도 선생님을 찾았던 학생이었습니다. 이런 제 마음이 통했는지 선생님께서 배울 수 있는 귀한 기회를 주셨습니다. 이 배움으로 저는 사람을 보는 관점이 완전히 달라지게 되었고, 그간 볼 수 없었던 내 배우자의 얼굴이, 내 부모님과 형제의 얼굴이, 내 친구의 얼굴이, 그리고 무엇보다 저의 얼굴이 눈에 들어오면서 만감이 교차하는 시간을 한참을 견뎌야 하기도 했습니다.

관상학이란 학문을 배우면 배울수록 '관상은 역술가들만 접근할 수 있는 학문이 아니라 일반인들도 얼마든지 배울 수 있는 인문학이 될 수 있지 않을까?'라는 생각이 들었습니다. 관상학이 지금보다 조금 더 대중화된다면 '누구나 관상학을 배우고 사람을 보는 눈을 키워 사회생활을 하는 데 많은 도움이 되지 않을까'라는 생각을 떨칠 수 없었습니다. 그래서 당시 사주에 관한 콘텐츠만 다루었던 네이버 프리미엄콘텐츠 '길해 명리마음상담소' 채널에 사람들에게 '무조건 쉽게 설명한다'는 마음으로 '한줄 관상학'이라는 제목의 관상 콘텐츠를 연재하게 되었습니다.

저는 관상을 배우고 난 뒤 제 분分에 넘치는 욕심을 부리지 않게 된 것 같습니다. 저의 그릇을 받아들이고, 타인을 향한 마음이나 처세 또한 조금은 유연해진 것 같습니다. 사실 자신의 분을 깨닫고 받아들이는 일은 쉽지 않습니다. 누구나 내가 평범하다는 사실을 알지만, 조금은 남들보다 특별한 무언가가 있을 것이라는 기대를 하고 살아가니 말입니다. 그런데 불필요한 욕심을 많이 내려놓으니 마음이 참으로 편안해졌습니다. 분에 넘치는 것을 내려놓고 내가 할 수 있는 것을 하며 살아가자는 마음이 들었습니다.

무엇보다 화火가 많은 사람의 얼굴을 알고 난 뒤, 그런 마음이 투영된 얼굴로 살고 싶지 않다는 생각에 타인에게 이유 유무를 떠나 화를 거두게 되었습니다. 자신을 알고 불필요한 욕심과 분노가 없는 사람의 얼굴은 참으로 편안해 보였기 때문입니다. 그래서 저도 그런 사람이 되고 싶어졌습니다. 약 10년 뒤에 저는 그런 사람이 될 수 있을지 지금도 궁금합니다.

　이 책에는 전문가만이 알 법한 깊은 지식을 담기보다는 일반인이 관상에 대해 공부하고 충분히 이해할 수 있는 수준의 지식을 담았습니다. 즉 일반인도 사람 보는 눈을 키울 수 있도록 해주는 관점으로 관상학에 접근한 책입니다. 무엇보다 독자들이 이 책을 읽고 스스로를 돌아볼 수 있는 기회가 되었으면 좋겠습니다. 나를 알고 타인을 안다면 인간관계에서 주고받는 불필요한 상처나 미움이 줄어들지 않을까요?
　타인을 향한 지나친 분노가 얼굴에 드리우면 가장 가까운 사람을 다치게 하고, 얼굴에 내가 짊어지기 버거운 욕심이 넘쳐흐르면 소중한 것을 잃기도 합니다. 반면에, 기쁜 마음과 환한 기운이 얼굴에서 뿜어 나오면 건강한 삶을 이어가고, 적절한 욕심으로 목표를 쫓는 야망이라는 열정이 얼굴에서 흐르면 꿈을 이룰 수도 있습니다. 결국 관상은 지금까지 살아온 내 인생과 나의 마음가짐이 담기는 도화지입니다. 어떤 그림이 그려

질지는 결국 내가 어떻게 살아왔는지, 앞으로 어떻게 마음먹고 살아가는지가 결정하는 것입니다. 절대 단순한 성형수술이나 시술로 관상을 바꿀 수 없습니다.

그러니 여러분들도 얼마든지 좋은 관상을 가질 수 있습니다. 얼굴은 살아온 세월에 따라 수시로 변하기 때문입니다. 여러분들이 좋은 얼굴을 만들어 나가는 그 시작에 이 책이 작은 깨달음이 되길 바랍니다.

이제 겨우 몇 걸음 뗀 파릇파릇한 역술가에게 귀한 배움의 기회를 주셨던 '월정' 선생님께 살갑지 못한 성격으로 인해 미쳐 전하지 못한 깊은 고마움을 전합니다. 네이버 프리미엄콘텐츠의 '한줄 관상학'이 세상에 나올 수 있게 저에게 귀한 제안을 주셨던 출판사 온더페이지에도 고마움을 전하고 싶습니다.

마지막으로 슬픔도 기쁨도 화도 많은 모난 마음을 가진 저의 편안한 마음의 안식처가 되어주는 사랑하는 남편 한용재 씨와 그를 너무 똑 닮은 아들 한아섬과 예쁜 공주님 한예라에게 바쁜 엄마로서 미안한 마음과, 그럼에도 세상에서 가장 큰 엄마의 사랑을 전합니다.

길해

목차

들어가는 말 ··· 4

1장. 누구나 쉽게 관상을 보는 법

우리는 관상으로 무엇을 알 수 있을까 ······················· 15
관상을 본다는 의미 ·· 19
관상학에서 이야기하는 신체 부위별 의미 ··················· 26

2장. 관인팔법: 얼굴에서 느낌을 읽어라

학자처럼 청렴하고 살아가면서 귀를 누릴 청수지상 ······· 41
넉넉한 마음으로 타고난 복을 지켜내는 후중지상 ········· 46
군중을 압도하는 카리스마와 리더십을 가진 위맹지상 ··· 52
평범한 사람들의 얼굴, 고괴지상 ···································· 57
어쩐지 웃는 얼굴이 슬퍼 보이는 고한지상 ··················· 62
약하고 어리석지만 보호받는 박약지상 ·························· 67
살기가 과하면 추악함이 남는 완악지상 ························ 71
생각이 짧고 속되면 모든 것을 잃는 속탁지상 ············· 76

3장. 감정을 읽을 수 있는 얼굴

눈썹과 머리카락에서 성격이 보인다 85
무심코 나오는 처세를 보면 그 사람의 미래를 알 수 있다 92
코끝에서 보이는 성격 95
얼굴을 보고 예민한 사람임을 알아채는 방법 102
목소리는 내면의 상태다 108

4장. 연애운을 끌어오는 얼굴

어떤 눈을 지닌 사람을 만나야 할까? 115
눈가의 주름에도 도화가 있다 121
길고 짙은 아름다운 속눈썹의 비밀 124
혼자 살아가는 사람의 얼굴에는 '이것'이 많다 128
보조개가 품은 불편한 진실 134

5장. 재물에 가까워질 수 있는 얼굴

재백궁인 코는 어떻게 생겨야 좋을까? **141**

흐름을 간파하는 눈빛을 가졌다면 과욕을 부리지 말라 **145**

턱은 만년의 저장 창고다 **152**

다이어트를 해도 엉덩이 살은 유지해야 한다 **159**

눈썹점은 재물을 부르는 점이다 **163**

6장. 숨겨진 야망과 내면의 욕심이 드러나는 얼굴

코만 높은 사람이 되지 않으려면 자신의 분을 알아야 한다 **169**

당장이라도 욕이 튀어나올 것 같은 입, 살기를 가진 입 **172**

얼굴에서 살기가 넘치면 일어나는 일들 **176**

눈이 처지고 얼굴이 순하면 진짜 무서운 사람이다 **181**

광대가 두드러지면 볼 수 있는 특징들 **185**

7장. 결혼상대자의 이면을 볼 수 있는 얼굴

배우자의 얼굴에서 딱 한 곳만 본다면 어디를 보아야 할까? ··· 193
짝눈, 비대칭은 육친의 불안정이다 ··· 200
동안인 얼굴은 관상학적으로도 좋은 얼굴일까? ··· 204
의외의 특성이 있는 뒤집힌 귀 ··· 208
무심코 나오는 행동을 보면 그 사람의 미래를 알 수 있다 ··· 211

8장. 처세에 도움이 되는 얼굴

신의를 볼 수 있는 입꼬리의 비밀 ··· 219
첫인상과 후인상이 다르다면 어떤 모습이 진짜 모습일까? ··· 222
사람을 통솔하는 사람은 법령을 지우지 않아야 한다 ··· 226
성형으로 볼록하게 만든 이마는 이마가 아니다 ··· 229
절대 치아가 빠진 상태로 있지 마라 ··· 232
머릿결이 자녀운을 결정한다 ··· 237

관상가가 관상을 본다는 것은 특별한 무언가를 보는 것이 아니다. 누구든지 볼 수 있는 생김새와 함께 드러나는 모든 것들을 보는 것이다. 그러니 관상을 공부하는 사람에게는 보이지 않는 무언가를 보는 능력은 필요하지 않다. 공부한 만큼 보이는 것이 바로 관상이다.

1장

누구나 쉽게 관상을 보는 법

우리는 관상으로
무엇을 알 수 있을까?

관상觀相을 본다고 하면 얼굴만 본다고 생각하는 사람이 많을 것입니다. 그러나 관상은 얼굴만 보는 게 아니라 사람의 형상, 즉 '전체'를 보는 것입니다. 즉 관상가가 관상을 본다는 것은 사람의 얼굴만 보는 것이 아니라 그 사람의 머리끝부터 발끝까지 다 살핀다는 이야기입니다.

그러면 전신사진 한 장을 관상가에게 보여주면 관상을 볼 수 있을까요? 당연히 아닙니다. 관상은 사람의 형상만 보는 것이 아닙니다. 그 사람의 목소리, 걸음걸이, 표정, 행동 등 한 사람에게서 볼 수 있는 모든 것을 봅니다. 관상가가 사람을 살펴

본다는 의미는 그 사람의 평소 걸음걸이부터 갖추어진 자세, 목소리(음성상), 말하거나 움직일 때 자연스럽게 나오는 크고 작은 동작들이나 습관을 두루두루 살펴보고 있다는 뜻입니다. 그래서 노련한 관상가는 그 사람의 인생을 간파할 수 있는 것입니다.

관상을 본다는 것은 그 사람을 직접 만나 생김새 전체를 유심히 살피며 언행을 확인하는 것입니다. 그 사람과 함께 생활하며 일상에서 볼 수 있는 모든 면모를 빈틈없이 확인할 수 있다면 가장 정확하게 관상을 볼 수 있다는 이야기이기도 합니다.

길을 가다가 무의식중에 하는 행동, 밥을 먹을 때 무심결에 나오는 말들이 그 사람의 내면을 드러낸다고 볼 수 있습니다. 결국 일상을 살핀다는 이야기는 그 사람의 평소 생활 습관을 보는 것이고, 그 사람의 평소 생활 습관에 녹아 있는 그 사람의 마음과 가치관을 확인한다는 의미입니다.

그리고 사람을 이해하는 데 있어서 관상보다 중요하게 살펴야 할 것이 바로 심상心象입니다. 성형으로 얼굴을 바꾼다고 해서 그 사람의 관상이 바뀌지 않는다고 하는 이유이기도 하지요. 성형만으로 그 사람의 습관이나 버릇이 절대 바뀌지 않기 때문입니다.

제게 상담을 온 내담자에게 무심결에 나오는 버릇이나 말할 때 나오는 특정 움직임을 이야기해 주면 대부분의 내담자는 놀랍니다. 자신에게 그런 버릇이 있다는 것을 평생을 몰랐다는 이야기의 방증이지요.

어떤 특정한 행동이나 마음가짐이 '몸에 밴다'라는 말이 참 무서운 말이라는 사실을 관상을 공부하며 깨달았습니다. 몸에 밴 것들을 고치는 게 참으로 쉽지 않습니다. 정말 바꾸고 싶어도 변하고 싶은 간절한 마음과 그에 따른 노력이 없으면 몇 년, 몇십 년 동안 몸에 밴 자잘한 행동이나 생각이 절대 고쳐지지 않지요.

즉 그 사람이 살아온 세월을 담은 결과물이 관상이기에, 관상을 본다라는 것은 그 사람의 인생을 보는 것과 같다고 이야기할 수 있습니다. 그래서 관상이라는 것은 앞으로 살아갈 인생에 따라 얼마든지 달라질 수 있습니다.

관상을 바꾼다는 의미는 마음가짐을 바꾼다는 각오이고, 내 일상에 자잘하게 밴 나쁜 습관이나 버릇들을 고쳐나가는 의지입니다. 관상을 바꿀 수 있는 사람은 그 의지나 각오로 무엇이든 할 수 있는 사람이며, 결국 앞으로의 인생을 바꿀 수 있는 사람을 의미하기도 합니다.

좋은 관상은 결국 평소에 내가 얼마나 좋은 생각과 행동을 하며 살아가는지에 달려 있습니다. 단순하게 성형 수술로 눈을 크게 확장하고, 하늘을 찌르도록 콧대를 높인다고 해서 그 사람의 관상이 바뀌는 게 아닙니다. 물론 미적 관점에서는 아름다워질 수는 있지만, 아름다운 외모가 좋은 관상을 의미하지는 않습니다. 좋은 관상을 갖기 위해서는 그 관상이 갖추어질 때까지 흘러야 할 시간이 필요하고, 그 시간을 어떻게 채워 나가는지가 중요합니다.

정리하자면, 관상으로 사람이 살아온 인생과 살아갈 인생을 이해할 수 있습니다. 즉 관상을 보는 것은 그 사람의 인생을 그 자체를 살피는 것입니다.

관상을 본다는 의미

사람의 생김새를 정형화, 객관화를 하고 글로 정리하는 것은 쉽지 않은 일입니다. 그래서 아무리 훌륭한 관상서로 관상을 공부한다고 해서는 절대로 실관實官이 될 수 없습니다. 결국 관상을 잘 보기 위해서는 여러 관상서를 공부하는 것도 중요하지만 직접 실제로 사람의 얼굴을 많이 보아야 합니다.

그렇다 보니 아무리 쉽고 재미있게 설명한 관상서를 읽어도 공부한 내용을 바로 응용하기가 쉽지 않습니다. 책으로 배운 내용을 실제 사람의 얼굴에서 구분하기가 어렵다는 뜻입니다. 이렇듯 관상을 보는 것 자체가 난도가 있기에, 관상은 어쩐지 평범한 사람들은 도저히 배울 수 없는 영역이라고 인식되었습니다.

그런데 요즘은 시대가 변한만큼 관상이라는 학문은 과거처럼 일반인은 접근조차 할 수 없는 생소한 학문은 아닌 것 같습니다. 이는 SNS나 유튜브 같은 미디어의 발달이 한몫했지요. 관상에 대한 인식의 변화를 가장 많이 느꼈던 건 제가 오프라인 관상 특강을 진행할 때였습니다. 관상 특강에 참석한 사람들을 보면 관상이라는 학문을 전혀 접하지 않은 일반인이 대부분이었습니다. 그래서 저는 수강생들에게 "이 관상 강의를 어떠한 이유로 들으러 수강하러 오셨냐"라고 질문했는데, 가장 많이 들었던 대답이 "사람 보는 눈을 좀 키우고 싶다"였습니다.

당연히 관상서 한 권을 완독했다고 해서 관상가처럼 사람의 관상을 완벽히 꿰뚫어 볼 수는 없습니다. 그러나 우리 모두 다양한 분야의 사람들이 여러 관계를 맺어야 하는 사회에서 살아가야 하기 때문에 자연스레 '사람 보는 눈을 키우고 싶다'라는 생각을 한 번쯤 할 수밖에 없는 현실이지요. 이러한 이유로 수강생의 대부분이 '관상학' 특강을 택했다는 사실을 보더라도 음지의 학문이었던 관상학에 대한 관심이 높아진 것 같다는 생각이 듭니다.

모든 사람이 관상서 한 권을 읽었다고 관상가처럼 정확하게 관상을 해석하는 눈을 가질 수는 없지만, 적어도 사람을 보는 눈인 '안목'만큼은 키울 수 있다고 생각합니다. 따라서 관상 보는 방법에 대해 누구나 이해할 수 있도록 쉽게 이야기해 볼까 합니다. 먼저 실생활에서 어느 정도 사람을 가늠하는 데 가장 기본이 되는 관상을 보는 순서와 방법을 이야기해 보겠습니다.

사람의 느낌을 이해하는 기초, 관인팔법

관상을 배우기 위해 가장 먼저 알아야 하는 이론은 관인팔법觀人八法(이하 팔법)입니다. 모든 관상의 가장 큰 틀은 바로 이 팔법에 따라 구분된다고 이해하면 됩니다.

생소한 단어인 팔법은 사람의 상을 8가지로 나누어 본다는 것을 뜻합니다. 팔상八相이라는 개념은 관상의 가장 큰 틀을 의미하며, 이 틀을 나누는 기준을 단순하게 표현하면 사람의 얼굴을 처음 보았을 때 그 사람에게서 느껴지는 '이미지' 또는 '느낌'이라고 이해하면 됩니다.

관상을 보는 순서를 간략히 설명하자면, 우선 관상을 보려는 사람의 팔상을 구분한 뒤에 이목구비를 세분화해 보아야 합니다. 즉 누군가의 얼굴을 보고 그 사람을 파악하고 싶다면, 가장 먼저 처음 얼굴을 보았을 때 이 사람에게 느껴지는 이미지와 느낌을 파악해야 합니다. 그리고 그 사람의 얼굴이 팔상 중에 어떤 상에 해당되는지 찾은 다음에 이목구비를 살펴봅니다.

건강한 몸을 만들기 위해 반복적으로 운동을 하듯이, 사람 보는 눈을 키우기 위해서는 많은 사람의 얼굴을 보는 연습이 필요합니다. 처음에는 이 팔법을 충분히 이해하고 익힌 뒤에 사람의 상을 팔법에 따라 분류해 보는 연습이 필요합니다. 이 분류가 어느 정도 원활하게 가능해졌을 때 이목구비를 세분화하는 훈련을 진행해야 합니다.

사주를 공부해 본 사람은 아는 내용이 있습니다. 사주를 볼 때 격格을 보지요? 격을 보면서 이 사람이 타고난 그릇, 분分♦을 먼저 파악하고 난 뒤에 운세를 봅니다. 관상을 볼 때 팔법으로 나누는 것을 사주로 비유하자면 처음에 격을 나누고 분을 먼저 보는 첫 순서라고 생각하면 됩니다.

팔법으로 큰 틀을 짜지 않고 바로 눈이 어떻고, 코가 어떻고, 이마가 어떻고를 구분하기 시작하면 정확한 해석을 할 수 없을 뿐더러 상을 제대로 파악할 수 없습니다. 그릇에 따라 어느 정도 흉은 괜찮은 얼굴이 있고, 반대로 어느 정도 흉이 인생에 치

♦♦ '분수를 알라'고 말할 때 그 분을 의미한다. 사주를 보고 그릇 크기를 가늠한다는 의미다.

명적일 수 있는 얼굴이 있기 때문에 큰 틀을 짜는 것이 제일 기본입니다.

관상을 배우려는 많은 사람이 실수하는 부분이 있습니다. 바로 '연예인'의 얼굴과 '일반 사람'의 얼굴을 같이 놓고 분석한다는 것입니다. 상이라는 게 직업적으로 어떤 일을 취하는지에 따라, 즉 이 사람이 살아가는 환경이 어떤지에 따라 길흉吉凶을 가늠하는 정도가 달라집니다.

예를 들어서 배우 김희선 님의 입술은 배우로서 살아가기에 굉장히 좋은 형태를 보입니다. 입술이 적당히 도톰해 복도 있고, 도화桃花♦♦가 일단 많이 흐르는 입술이지요. 도화가 많이 흐르는 입술은 만인의 사랑을 받아야 하는 연예인에게 좋은 입술입니다. 인기를 얻을 수 있으니 말입니다.

그러나 일반 여자가 김희선 님과 같은 입술을 가진다면 오히려 좋지 못할 수 있습니다. 일반인의 얼굴에 도화가 많이 흐르면 오히려 흉이 될 수 있기 때문입니다.

대중을 상대로 왕성한 활동을 하는 여자에게는 입에서 도화

♦♦♦ 신살神殺의 한 종류로 도화살이라 부른다. 사주에서 년살年殺이라 부르는데 도화살과 년살은 같은 말이다. 보통 이성에게 매력을 어필 할 수 있는 살殺로 알고 있지만, 사람들에게 자신의 능력을 어필하고, 대중을 사로잡는 힘이기도 한 도화살은 현대사회에서는 프로페셔널의 별로 보는 유능의 별로 보는 신살이다.

가 흐르는 게 괜찮을 수 있습니다. 그러나 결혼해서 아이를 낳고 평범하게 살아가는 여자의 입에 도화가 많이 흐른다면 이성과 관련된 문제가 생길 수 있습니다. 이러한 이유로 관상을 볼 때 그 사람의 직업이 무엇인지 이해하는 게 굉장히 중요합니다.

좋은 상을 찾기 위한 기본 원칙

가장 좋은 상은 얼굴을 구성하는 전체가 조화를 이루는 상입니다. 사주에서도 조후調候◆를 중요하게 생각하지요? 관상도 마찬가지입니다. 무엇인가 한 가지가 조화롭지 못하다면 그것은 흉이 됩니다. 다시 말해 높은 코가 좋은 의미를 지니려면 코만 높아서 될 게 아니라 코 주변의 관골顴骨이나 입이 그 코를 받쳐줄 만큼 골격이 되고, 무게감이 있어야 합니다.

사람의 느낌을 이해하는 데 있어서 첫인상이 물론 전부가 아니지만, 관상학에 있어서 첫인상이 중요합니다. 그 사람에게서

◆ 자연의 기온氣溫처럼 사주에서 조후는 차갑고 따뜻하고 건조하고 습한 상태인 한난조습寒暖燥濕의 조화를 뜻한다. 사주에서 조후가 좋다 함은 오행이나 음양이 너무 치우치거나 모자르지 않고 조화를 이루어진 상태를 말한다.

처음 받은 느낌을 기억하고, 팔상 중 어디에 속하는지 구분한 뒤 이목구비를 세세하게 보는 순서로 연습을 해야 합니다. 특히 말할 때 발음이 새는지, 말투가 가벼운지 등 처음 만난 사람에게서 쉽게 알아차릴 수 있는 느낌들을 먼저 주의 깊게 확인합니다. 이런 기본적인 것을 먼저 보고 난 뒤에 이목구비를 세세하게 살펴보면서 길흉을 나누는 것입니다.

처첩궁妻妾宮에 흉터가 있으니 이분은 배우자에 관련된 흉이 있겠구나, 도화의 보조개가 이성운에 불리하겠구나 등 이렇게 얼굴을 세밀하게 뜯어보는 작업은 그다음에 하면 됩니다. 직업에 따라, 성별에 따라 어떤 사람에게 큰 흉이 될 수 있는 것도 어떤 사람에게는 큰 흉이 아닐 수 있기 때문입니다. 대체로 팔상법으로 나누는 과정에서 그 사람의 사회적인 위치, 직업군도 같이 분류하게 됩니다. 따라서 가장 중요한 것은 이목구비의 생김새가 아니라 상의 분류라는 것을 꼭 기억해야 합니다.

정리하자면 몸, 자세, 말투와 마음가짐까지 모두가 조화롭게 이루어졌을 때 좋은 상이라고 할 수 있습니다. 그리고 앞으로 자신이 어떤 마음으로 인생을 살아가는지에 따라 이 좋은 상에 가까워질 수도 가까워지지 못할 수도 있습니다.

관상학에서 이야기하는
신체 부위별 의미

얼굴은 크게 세 부분으로 나누며 이를 삼정三停이라 합니다. 사람의 얼굴을 세 부분으로 나눌 때 발제髮際*에서 눈썹까지를 상정上停, 눈썹에서 코 밑 인중이 시작되는 위치까지를 중정中停, 코 밑에서 턱끝까지를 하정下停이라고 합니다. 이 모두를 통틀어 삼정이라고 합니다.

상정은 초년운, 즉 25세 이전의 운을 보는 자리이며 부모복, 윗사람에게 받는 혜택, 어린 시절의 운을 볼 수 있습니다.

♦ 머리털이 자라나는 경계선을 말한다.

중정은 이제 부모로부터 서서히 독립을 하는 시점부터 중년까지의 운이기에 본인이 스스로 개척해 나갈 운을 보는 중요한 자리입니다. 그리고 재백궁財帛宮♦♦ 등 중요한 부분들이 있는 곳이며, 그 사람이 살아가면서 취하는 운을 확인할 수 있습니다.

하정은 단순하게는 내가 말년에 살아갈 집의 크기를 본다고 말할 수 있을 정도로 중년에 일구어 놓은 결과의 성패를 본다고 해도 과언이 아닙니다. 하정이 약하면 말년에 고생을 한다고 볼 수 있으며 아랫사람이나 가족과의 인연이 약하다고도 볼 수 있습니다.

복을 담아내는 그릇, 이마

이마는 내게 이미 주어진 복福을 의미합니다. 이마가 있는 곳이 상정인데, 이곳은 초년운을 보는 자리이기도 합니다. 태어나는 순간부터 이미 주어진 것들을 보는 자리를 의미하지요. 그러니까 태어나면서 내가 쥔 복, 내 의지로 바꿀 수 없는 것, 이미 결정된 것을 의미하는 자리입니다.

♦♦ 재물에 관한 운수를 보는 자리다.

우리가 태어나는 순간 주어지는 것, 이미 정해진 것이라면 무엇이 있을까요? 바로 조상님과 부모님입니다.

살아가면서 내게 부모님만큼 큰 울타리가 되어주는 복을 결정하는 자리가 이마입니다. 달리 말하자면, 내가 앞으로 소속될 울타리, 바로 회사라는 조직과 나의 직업을 확인할 수 있는 곳이기도 합니다. 그리고 그 조직에서 만나는 윗사람에게 받는 복도 포함할 수 있습니다.

좋은 부모를 둔 사람의 이마는 반듯합니다. 반듯하다는 표현은 뼈가 붉거나, 이마의 어느 한 곳에 푹 꺼진 흔적 또는 흉이나 점 등이 있지 않다는 의미입니다. 그리고 이마와 두피의 경계인 발제가 반듯합니다. 정리하자면, 발제의 상태나 이마의 모양새만 보아도 그 사람이 부모로부터 받을 복이 있는지 없는지를 유추할 수 있습니다.

마음을 보여주는 창, 눈

눈은 마음의 창을 뜻합니다. 눈은 그 사람의 생각과 마음 상태를 읽을 수 있는 가장 중요한 곳입니다. 그래서 많은 관상가가 관상을 보는 데 있어서 눈을 최우선으로 두기도 합니다.

어떤 사람의 가치관, 의지나 심지가 곧은지를 알고 싶다면 눈빛을 보면 됩니다. 강렬한 눈빛을 가진 사람이 의지가 약할 리 없다는 이야기이지요. 또 심지가 올곧은 사람은 안정된 눈빛을 가졌습니다. 이처럼 보이지 않는 생각이나 내면을 유추할 때 '눈'을 보아야 합니다.

눈과 관련해 여자들이 시술을 많이 받고, 우리가 흔히 눈 밑 애교살이라고 하는 부위는 누에가 누워있는 모양과 닮았다고 해서 와잠臥蠶이라 불립니다. 이곳은 남녀궁男女宮으로도 불리며 2세, 자녀운을 볼 수 있는 곳입니다.

와잠은 도톰하면서 색상이 탁하지 않고 윤이 나야 하며, 주변에 흉이나 점이 없이 깨끗해야 좋습니다. 이곳의 색이 탁하거나 다크서클이 있으면 대체로 자녀운이 좋지 않다고 봅니다. 눈 끝은 어미魚尾라 불리며 처첩궁妻妾宮이라 하는데 배우자 운을 보는 곳입니다.

높다고 좋은 게 아닌, 코

코만 높아서는 이를 복이라 볼 수 없습니다. 코는 재백궁財帛宮이라고 불리는데 우리 얼굴에서 가장 많은 관심을 받는 부위일 것입니다. 재백궁은 말 그대로 재물과 비단을 모으는 창고(집)라는 뜻으로 부富를 논할 때 빠지지 않는 곳이기도 합니다.

높고 큰 코를 가졌다는 것은 재물을 모으는 창고가 크다는 의미지만, 재물 창고가 크다고 해서 무조건 좋은 의미로 이해할 수는 없습니다. 달리 말하자면, 재물 창고가 크다면 그 창고를 재물로 꽉 채울 수 있는 능력의 유무 역시 중요한 문제라는 뜻입니다. 그래서 코가 높고 크다면 그 코를 감당할 수 있는 그릇이 되는지를 보아야 합니다. 큰 재물 창고를 가졌다 해도 채우는 능력이 부족하거나 부실한 창고라면 크다고 해서 좋다고 볼 수 없습니다.

또 배우자를 유추할 때도 코를 함께 봅니다. 우리는 흔히 '콧대가 높다'라는 표현을 코가 높은 사람은 눈이 높다는 의미로 사용합니다. 그러니 코가 높은 사람은 배우자감으로 변변찮은 사람이 눈에 들어오지 않을 것입니다. 이는 좋은 배우자를 찾으려는 의지로 볼 수 있습니다. 그래서 재물을 논할 때와 마찬가지로 콧대가 높다면 눈이 높다는 의미로 이해할 수 있습니다. 따라서 이 사람이 만약 배우자를 찾고 있다면 그 높은 눈에 맞는 배우자 복을 얻을 수 있는지를 추가로 논해야 합니다.

코가 좋고 주변과 조화를 잘 이루었다면 그 사람은 배우자 복이 있다는 것을 의미합니다. 다만 코만 좋고 입이나 하관, 얼굴 전체와 조화가 이루어지지 않았다면 말 그대로 눈만 높아 헛물만 들이켜고는 오히려 실속 없는 배우자를 만날 수 있습니다.

그리고 코는 그 사람의 이상향, 의지로 보기도 합니다. 그래서 코가 높고 큰 사람은 꿈이 크고 원대할 수 있습니다. 다만 이것 역시 마찬가지로 코가 높고 큰데, 관골이 받쳐주지 못하고 입이나 하관 역시 약하다면 이 사람은 꿈만 크고 높은 이상만 바라보며 허우적댈 수 있습니다.

기본적으로 코는 콧대가 곧게 서 있는 것이 좋고, 콧구멍이 보이지 않아야 합니다. 콧구멍이 보이면 돈이 샌다라는 이야기를 들어보았을 것입니다. 또 콧구멍이 보이면 '정조관념이 부족하다'로 보기도 합니다. 물론 코가 들렸다고 해서 무조건 그런 것은 아니지만, 여러 사람의 상을 보다 보면 콧구멍이 보이는 코가 아무래도 무게감 없이 가벼운 느낌을 줍니다.

콧구멍의 살집, 즉 콧망울 두께가 얇지 않고 어느 정도의 두께감이 있는지도 중요합니다. 여기서 콧망울의 두께란, 손가락 하나는 콧구멍에 넣고 다른 하나는 바깥 쪽을 잡았을 때 잡히는 살집의 두께를 의미합니다.

이 부분이 얇은 사람이 있는데, 이를 집으로 비유하자면 얇은 벽으로 지어진 집이라는 뜻이지요. 튼튼한 창고가 아닌 것입니다. 또한 이 두께가 얇은 사람들은 정신력이 약할 수 있습니다.

견고해야 재물을 잘 지키는, 입

입은 잘 다물어져서 내 입속이 잘 보이지 않아야 좋습니다. 입은 정말 중요한 곳입니다. 저는 관상을 볼 때 입이 눈만큼 중요한 곳이라고 생각합니다. 입이 견고해야 벌어들인 재물을 잘 지킬 수 있기 때문이지요.

치열은 절대적일 수는 없으나 고르고 깨끗한 것이 좋고, 입술이 잘 다물어져야 합니다. 입은 내 재물, 가족, 배우자이기도 해서 입술이 완전히 맞물리지 않으면 돈이 새거나 배우자 문제가 생길 수 있습니다.

무엇보다 입술을 포함한 입 전체에서 주는 느낌이 가볍지 않아야 합니다. 입술이 삐뚤거나 치열이 삐뚤지 않아야 합니다. 무엇보다도 이가 빠져 있는 것은 큰 흉이기 때문에 치아는 빠진 것 없이 다 있는 게 좋습니다. 입술이 뒤집어지거나 웃을 때 잇몸이 다 드러나는 것은 앞서 이야기했듯이 내 재물, 가족, 배우자가 드러나는 꼴이기도 해서 좋지 않습니다.

어떤 사람의 입이 견고한지 확인해 보는 방법 중에 하나가 그 사람과 바로 식사를 같이 해보는 것입니다. 유난히 식사할 때 씹는 소리, 쩝쩝거리는 소리를 많이 낸다 하면 그 소리만으로도 입이나 하관이 약하다는 사실을 알 수 있습니다. 밥을 먹을 때는 최대한 음식물이 드러나지 않고 소리 역시 최소화하는 것이 좋겠지요?

내 인생의 피날레를 상징하는, 턱

턱은 말년에 내가 살 집의 크기를 상징합니다. 단순한 표현이지만, 턱은 인생의 말년이자 결말이라 생각해도 전혀 이상할 게 없습니다. 그만큼 하관, 즉 턱은 아름다운 인생의 마지막을 결정짓는 만큼 중요한 곳입니다.

턱이라 하면 귀 밑부분 입 밑부분 모두 포함해서 생각해야 합니다. 앞서 이야기한 코와 입을 조화롭게 받쳐주어야 하는 턱이 약하면 결말, 성과가 약하다고 생각하면 됩니다. 연예인들의 날렵한 V 라인이 유행하면서 양악수술이 말도 안 되게 유행하던 시기도 있었습니다만, 턱은 함부로 손을 대서는 안 되는 곳입니다.

말년에 살 집의 크기를 상징하는 턱이기 때문에 당연히 이곳을 작게 줄이는 것은 인생의 말년에 전혀 도움이 되지 않습니다. 물론 지나치게 도드라진 턱도 양기陽氣•이기 때문에 좋지 않지만 턱이 약한 사람은 사업을 해도 그 사업체가 오랜 시간

끝까지 유지하는 게 어렵다 볼 수 있습니다. 아울러 턱에 점이나 흉이 없는 것이 좋으며, 볼을 포함해서 턱에 수염을 기르더라도 지저분한 느낌을 주어서는 안 됩니다.

안정적으로 유지해야 할, 체

체體의 의미는 올바른 자세 그 자체로 하나의 격을 이룬다는 것을 뜻합니다. 몸 전체를 3등분으로 나누었을 때 머리 끝부터 어깨까지를 초년, 상체를 중년, 하체를 말년으로 나눕니다. 그래서 하체가 튼튼하고 안정감이 있어야 끝까지 순탄한 인생이 흘러갑니다.

간혹 다리가 비정상적으로 얇은 몸매를 부러워하는 사람들이 있는데 그럴 필요가 전혀 없습니다. 상체에 비해 하체가 빈약하다는 것 자체가 사회적인 성취나 누리는 것들이 노년에 갈수록 약할 수 있음을 의미하기 때문입니다. 무엇이든 지나치게 길거나 짧은 것은 좋지 않습니다. 모든 것이 적당해야 합니다. 특히 목이 길다라는 것 자체를 고한孤寒♦으로 보기도 합니다.

♦ 춥고 차가움이란 뜻이며 쓸쓸함과 고독함으로 해석할 수 있다.

지나치게 몸을 키우거나 다이어트로 마른 몸을 유지하는 사람들에게는 "재벌들의 몸을 보세요"라는 말을 자주 합니다. 기업 총수 중에 근육을 키워서 '몸짱'에 가까운 몸매를 유지하는 사람은 없습니다. 그들이 시간과 돈이 없어서 운동을 하지 않는 게 아닙니다. 운동을 해도 근육을 키우려는 생각 자체를 하지 않습니다.

근육질 몸매 자체가 격이 높은 몸매가 아니며, 팔상 중에 격이 높은 상일수록 이런 몸에 대한 거부감이 듭니다. 근육질 몸매는 도화라고 이해하면 됩니다. 여성들도 마찬가지입니다. 재벌 총수들의 안사람 중에 요즘 유행하는 '뼈말라'♦ 몸매는 존재하지 않습니다.

또한 몸에 밴 바른 자세와 걸음걸이가 정말 중요합니다. 반듯한 자세 자체가 사람의 됨됨이를 의미하기 때문에 그 사람의 일의 품격, 배우자를 유추할 때도 자세나 걸음걸이를 봅니다. 올곧게 서 있는 모습을 유지하고, 걸을 때 적당한 속도로 거칠지 않고 품위 있는 걸음걸이를 유지하는 것 자체가 좋은 모습이라고 이해하면 됩니다.

♦ 쓸쓸하고 가난함을 의미한다. 이 느낌을 사람으로 비유하자면 '쓸쓸해 보이고, 고립되어 보이는 느낌'이라고 이해할 수 있다.

학문의 깊이를 상징하는, 손

손, 수상手相은 이 분류 자체로 또 다른 학문으로 연구해도 될 정도로 내용의 깊이와 양이 방대합니다. 그래서 일반인이 손을 대상으로 해석할 수 있는 것은 단지 눈으로 보이는 손의 상태뿐입니다.

의사, 수의사들의 손이 정말 곱습니다. 병원에서 진료를 받게 된다면 한 번쯤 의사 선생님 손을 관찰해 봅시다. 제가 우스갯소리로 누군가 자기를 의사라고 소개하는데 어딘가 수상하다면 손을 보라고 권합니다. 손을 보았을 때 손이 하얗고 곱지 않다면 절대 의사가 아닐 거라고 이야기하지요. 섬세한 작업인 수술을 많이 하는 사람일수록 남자라도 손이 여자 손보다 더 곱습니다.

이 이야기를 하는 이유는 손이 곱고 예쁘다는 것 자체가 몸을 쓰거나 험한 일을 하는 역동적인 직업군이 아닌 머리를 쓰는 직업군에 속한다는 의미입니다. 너무 뼈가 붉어진 손보다는 살집이 어느 정도 있으면서 부드럽고 윤기가 나며 밝고 깨끗한 손이 좋습니다. 그리고 손가락이 가늘수록 이상을 추구하는 성향이나 예술성이 있는 것으로 봅니다. 손가락 두께는 처음부터 손끝까지 동일하면서 탄력이 있고 부드러울수록 좋습니다.

미적 기준의 오해를 풀어야 할, 피부

피부의 색으로 하얀색이 좋다는 대중적인 인식에 대한 오해를 풀고자 합니다. 미적 기준이 서양화되면서 많은 사람에게 백인과 같은 하얀색 피부의 선망이 생겼지요. 관상학적으로 하얀색 피부가 더 좋다고 볼 수 있을까요?

오히려 피부가 지나치게 하얀색을 띠고, 차가운 느낌을 보인다면 이는 한기에 가깝다고 보아 좋지 않다고 해석합니다. 무엇이든 '정도'라는 것을 벗어났다면 좋을 리 없지요. 그러니 정말 다른 사람들과 피부의 색깔을 비교했을 때 유난히 하얀색을 보이는 피부가 관상학적으로 좋다고 볼 수 없습니다. 피부의 색깔 보다는 혈색과 피부의 얇고 두터움을 더 주의 깊게 보면 됩니다.

아무리 하얀 피부라도 기미 주근깨가 많거나 트러블이 많은 피부는 좋지 않겠지요? 동양인에게 적당한 찰색(피부색)에 윤기가 흐르면 좋은 피부라고 봅니다. 즉 피부의 색보다는 피부의 상태가 관상학적으로 더 중요하게 봅니다.

관인팔법은 마의 상법의 한 구성이다. 마의를 입고 동굴에서 수도 생활을 한 마의 선사로부터 구전된 상법을 기록해 후세에 남긴 것이다. 상을 8가지로 나누는 것을 시작으로 해 격의 높고 낮음과 재물 또는 명예를 지키는 힘을 파악하는 상법이다. 관상 공부를 시작했다면 사람의 타고난 그릇을 이해할 수 있는 팔법을 먼저 구분할 수 있어야 할 것이다.

2장

관인팔법:
얼굴에서 느낌을 읽어라

학자처럼 청렴하고 살아가면서
귀를 누릴 청수지상

팔법에서 격이 높은 상을 꼽는다면 청수지상淸秀之相, 위맹지상威猛之相, 후중지상厚重之相이 있습니다. 이 중에서 청수지상은 해석한 의미 그대로 '맑고 빼어난 상'이라는 뜻으로 앞서 이야기한 세 가지 상 중에 가장 맑은 상이라고 볼 수 있습니다.

  어떤 사람의 얼굴을 보았을 때 첫인상으로 청렴함, 투명함, 현명함을 느꼈던 적이 있지요? 그 또렷한 첫인상으로 여러 사람의 신뢰를 받는 상이 바로 청수지상입니다. 그렇기에 청수지상은 주로 학자, 연구원, 교육자 등 지식 전문가의 얼굴에서 많이 나타납니다.

청수지상을 찾아내는 방법

일반인이 청수지상을 쉽게 구분할 수 있는 방법은 바로 '빼어남' '고급스러움'이란 느낌을 찾는 것입니다. 어떤 사람에게서 느껴지는 아우라가 빼어나고 고급스럽고 지식수준이 높아 보이는 그 '느낌'을 청수함으로 보고 접근하면 비교적 쉽게 청수지상을 찾을 수 있습니다.

선거철에 자주 등장하는 '청렴한 국회의원'이라는 슬로건처럼 맑고 빼어난 상을 지닌 사람은 불필요한 욕심을 보이지 않습니다. 바르게 한길을 걸어가는 인생이기 때문에 억만금의 부를 누리는 인생과는 조금 거리가 멀기도 합니다. 그래서 청수지상을 보이는 사람이 부를 누리기 위해서는 반드시 위맹지상과 후중지상이 적절하게 섞여 있어야 합니다.

순수한 청수지상은 큰 부를 이루고 싶다는 욕심 자체가 없기 때문에 스스로도 돈에 대한 관심이 높지 않습니다. 오로지 자신이 좋아하고 관심이 깊은 학문을 공부하고 연구에 매진하며 살아가는 삶에 만족하며 행복을 느낍니다.

청수지상은 격이 높은 삶으로 분류되기 때문에 기본적으로 지식 계층, 중산층, 상류층에 속하는 경우가 많습니다. 야망이나 재물에 대한 욕심과 적극성이 낮은 청수지상이지만, 어떤 분야에서 최고의 자리까지 오르는 사람은 청수지상을 가지고 있어야 하기에 큰 성공이나 큰 부를 이룬 사람의 얼굴은 청수지상에 속할 가능성이 높습니다.

이러한 이유로 기본적으로 재벌가들의 얼굴은 청수지상에 속합니다. 유명인 중에 청수지상의 느낌을 많이 보이는 사람으로는 정치인 중에서 안철수 님, 연예인 중에서는 노주현 님을 꼽을 수 있습니다.

청수지상을 보이는 사람들의 생김새 특징을 살펴보면, 가장 큰 특징은 '단정하다'입니다. 청수지상을 보이는 사람들은 대부분 용모가 참으로 단정합니다. 예쁘거나 잘생겼다는 범주에 속한다는 뜻이 아니라, 머리 모양도 화장법도 옷차림도 늘 단정하다는 의미입니다. 그리고 걸음걸이가 빠르지도, 느리지도 않으며 걷는 자세에서도 품위가 느껴집니다.

물론 '어차피 격이 높은 상은 타고나야 하는 것이 아닌가?'라고 생각할 수 있지요. 그러나 청수의 느낌은 꼭 생김새로만 판단하지 않습니다. 달리 말하자면, 그 사람의 말투와 행동에서 느껴지는 품위 역시 청수함을 판단하는 데 중요한 요소가 된다는 뜻입니다. 결국 얼굴을 바꾸는 힘은 올바른 자세와 마음가짐입니다.

예를 들어 자세가 늘 곧고 바른 사람은 그런 '체' 자체를 청수함으로 볼 수 있습니다. 그리고 정확한 발음과 안정된 음정을 가진 음성관상音聲觀相을 가졌다면 그런 음성 자체를 청수함을 판단하는 요소로 본다는 것입니다.

우리가 고급 레스토랑에 식사를 하러 갈 때 장소에 맞는 옷차림과 매너를 갖추어야 합니다. 옷을 차려입으면 그에 맞는 행동이 저절로 나오기도 하지요. 격식이 필요한 장소에 있는 모든 사람은 옷을 갖추어 입고 매너를 지킵니다. 반대로 재래시장에 가면서 정장을 갖추어 입거나 하지는 않지요.

즉 격이 높은 상이 되고 싶다면 평소에도 격을 갖춘 마음가짐과 태도를 유지해야 합니다. 그래야 내 몸에 진실된 격이 서서히 형성되고, 그것이 쌓이고 쌓여 내 인생 전체의 격을 높일 수 있습니다.

우리는 타고난 얼굴에서 청수함 없어도 살아가면서 나의 품위를 유지하며 얼마든지 청수함을 만들어 갈 수 있습니다. 자신의 삶의 격을 높이고 싶다면 말할 때 쓰는 단어와 자신의 음성상을 한 번쯤 점검해 보고 고쳐가는 것도 좋은 개운법♦이 됩니다.

♦ 나쁜 운을 좋은 운으로 바꾸는, 운이 트이게 하는 방법을 말한다.

바른 자세로 앉고, 서고, 걷는 이 사소한 것들이 모여 큰 품격을 이룬다는 것을 간과해서는 안 됩니다. 시간과 노력을 들여서 사소한 버릇, 습관을 바르게 고치며 품격을 갖추어야 청수함이 생겨납니다. 노력으로 얼마든지 삶의 품격을 높일 수 있습니다.

넉넉한 마음으로
타고난 복을 지켜내는 후중지상

후중厚重이란 두터울 후厚 그리고 무거울 중重으로, 말 그대로 '두텁고 무겁다'라는 뜻입니다. 즉 후중지상이란 사람이 가벼워 보이지 않고 무게감이 있는 사람을 뜻합니다.

여기서 두터움이란, 우리가 '신뢰가 두텁다.' '친분이 두텁다'라는 표현을 쓸 때 그 두터움을 의미합니다. 이어서 무거움이란, '저 사람 무게 있어 보인다.' '책임감이 무겁다'라는 표현을 쓸 때의 그 무거움을 의미합니다.

• 내 인생은 어떤 얼굴을 하고 있는가

후중지상을 찾아내는 방법

후덕하고 진중해 보이는 상이니 대체로 살집이 두툼하고 복스러워 보이는 상이 바로 후중지상입니다. 그러면서 하관은 견고하고 피부는 윤택하고 몸집도 큽니다.

몸집이 크다 함은 옆으로 벌어진 체격보다는 앞뒤로 살집이 두툼하게 있는 체형을 말합니다. 이런 체형의 특징은 머리가 크고 턱이 넓으며 목과 팔다리가 대체로 짧고 굵은 느낌입니다.

'그러면 뚱뚱한 체격을 가졌으면 후중지상인가?'라는 생각을 할 수 있습니다만, 뚱뚱한 체형을 무조건 후중지상으로 볼 수는 없습니다. 살집의 상태도 함께 확인해 보아야 합니다. 출렁출렁한 물살인지, 단단하고 윤기가 흐르는 찰살인지 그 차이를 반드시 구분해야 합니다.

살집이 많고 뚱뚱한데 후중지상이 아닌 사람을 구분하고 싶을 때 가장 쉽게 확인할 수 있는 방법이 있습니다. 뚱뚱하기는 하나 턱이 좁다던가, 얼굴이 지나치게 각지거나 하체가 부실하다면 후중지상으로 볼 수 없습니다. 이렇게 의외로 쉽게 눈에 띄는 곳을 확인해 후중지상을 구분할 수 있습니다.

한편, 살은 돈이나 재물이라고 보기도 합니다. 그래서 살집이 너무 없고 깡마른 체형을 관상학 관점에서는 좋은 체형으로 보지는 않습니다. 후중지상의 얼굴은 후덕하고 넓지만, 결코 투박하게 각이 진 턱은 아닙니다. 앞서 턱은 말년에 내가 살 집의 크기라고 했습니다. 턱이 없거나 좁은 형태를 보인다면 흉으로 이해할 수 있습니다. 그렇다고 뼈가 붉어질 정도로 각이 진 턱도 좋지 않습니다. 뼈대가 넓으면서 뼈에 살이 붙어 둥글둥글 부드러운 느낌을 주는 턱이 좋습니다. 즉 현대사회에서 선호하는 뾰족한 V 라인, 좁은 턱은 후중지상이 아니라고 이해하면 됩니다.

넓은 마음과 목표를 달성하는 힘을 지닌 상

후중지상은 청수지상과 위맹지상과 함께 격이 높은 팔상에 속합니다. 청수지상이 먼 과거 조상부터 대대로 잘사는 집안의 얼굴이라면 후중지상은 그보다는 잘 살아온 집안(조상)의 역사가 짧습니다. 대신 후덕한 얼굴만큼 후중지상은 도량이 바다와 같고 그 사람의 그릇이 만석을 실은 배와 같다고 이야기가 전해집니다.

후중지상은 꿈을 현실적으로 이루는 상이기도 하고 재물에 있어서 발복發福이 되는 상입니다. 따라서 마음도 넉넉한 사람이 많겠지요. 재물을 지키는 힘, 재물의 지속성을 논할 때도 이 후중이 있는지가 중요합니다.

드라마에서 예민한 사람을 표현할 때 어떤가요? 투병 중이거나 힘든 상황에 처해 예민한 사람을 표현할 때 연기자의 분장 상태를 떠올려 보세요. 살집이 두툼하고 넉살이 좋은 사람이 나오나요? 아닙니다. 살집이 두껍고 넉넉해 보이는 사람은 여유가 있어 보이기 때문에 그런 안 좋고 힘든 상황에 놓여 있는 사람처럼 보이지 않습니다. 이러한 인식을 두고 보았을 때 의외로 우리는 기본적으로 상을 보는 눈을 대부분 가지고 있는 것 같습니다.

후중지상은 안정성, 지속성을 의미하기 때문에 한 기업체, 사업체의 대표, 사장님, 회장님 얼굴에서 후중지상이 많이 보이기도 합니다. 심성이 얄팍하고 속이 좁은 사람에게는 이 후중지상의 느낌을 찾기 어렵습니다.

그래서 사업가의 관상을 논할 때, 이 사업체가 얼마나 오랜 시간 번영을 이룰 수 있을지를 가늠할 때 사업가의 얼굴에서 이 후중을 찾습니다. 후중의 느낌이 많이 날수록 그 사람의 번영은 대대손손 이어갈 수 있는 것입니다. 반대로 후중이 없다면 현재 아무리 번영하고 있는 기업의 사업가라 할지라도 그 번영이 대대손손 이어갈 수 없거나 혹은 그보다 더 빨리 끝이 난다고 볼 수 있습니다.

성공이라는 목표에 이르는 것도 중요하지만 그 위치를 지켜내는 힘이 더 중요하다고 생각합니다. 100억 원이나 1,000억 원을 벌어낸 결과보다, 100억 원과 1,000억 원이라는 돈을 지켜내는 힘이 더 중요하다는 의미입니다. 아무리 큰돈을 벌었다 해도, 순식간에 그 돈을 모조리 잃어 지난날의 영광이 되어버린다면 아무런 소용이 없다는 것이지요. 그래서 우리는 이 소중한 모든 것을 잃지 않고 단단하게 지켜낼 수 있는 힘인 후중이 반드시 있어야 큰 부를 이룰 수도, 큰 성공을 이룰 수도 있습니다.

그렇다면 이 후중을 만드는 방법이 있을까요? 앞서 제가 후중의 뜻을 이야기했습니다. 후중은 무게감이고, 넉넉함이자 두터움입니다. 욕심이 지나친 사람은 절대 후중을 이룰 수 없습니다. 내 개인의 욕망만 가득 찬 사람의 얼굴에선 절대로 후중의 느낌을 읽을 수 없습니다.

후중이 있는 사람은 안정된 사람이며 결국 마음이 넉넉한 사람을 의미합니다. 후중이 있는 사람은 단순하게 부를 이룬다, 더 많은 부를 이룬다라는 결과에 치중하는 목표를 가지고 사는 사람이 아닌, 이타적이고 사회적인 일에도 의미를 부여하는 사람이라는 뜻이기도 합니다.

너무 높은 곳만 바라보며 욕심을 내세우면 좋지 않습니다. 너무 무엇인가 쟁취하려는 마음이 앞서면 오히려 손에 쥐지 못하는 것이 인간입니다. 내 욕망으로 타인을 헤치는 사람 역시 절대 후중을 쌓을 수 없습니다.

시골에서 한평생 욕심 없이 산 부모의 자녀들은 번영을 이룬다는 말이 있습니다. 이 말은 욕심 없이 넉넉한 마음으로 덕을 쌓으면, 내가 쌓은 그 덕을 내 후대가 누릴 수 있다는 말입니다. 더 많이 벌어, 더 많이 모아 그것을 후대에게 물려 주는 것이 후중이 아니라는 의미입니다.

후중이 강한 사람은 설사 안 좋은 상황에 처해 있다 하더라도 절대 초조해하지도, 불안해하지도 않습니다. 어떠한 상황에 처해도 한결같이 심신이 안정되어 있기 때문입니다. 후중은 결국 내 마음을 안정되게 만드는 것, 나와 내 가족만이 아닌 타인과 사회를 향해 보내는 따뜻한 사랑과 관심을 지녀야 쌓인다는 사실을 잊지 않기를 바랍니다.

군중을 압도하는 카리스마와 리더십을 가진 위맹지상

청수지상의 격이 제일 높기는 하지만, 순수한 청수지상은 선비나 학자의 길을 가는 사람이 많기 때문에 현대사회에서 가장 으뜸으로 여기는 부와 성공과는 거리가 멀 수 있음을 앞에서 이야기했습니다.

하지만 청수지상의 얼굴에 위맹지상이 섞여 있다면 이야기는 달라집니다. 청수지상과 위맹지상이 적절히 조화를 이루는 상을 지닌 사람이라면 큰 부를 일구면서도 사회적 성공을 이룰 수 있습니다. 사업을 운영한다면 목표를 향해 치고 올라가는 힘이 있어 큰 규모의 사업을 이끌어가는 자가 될 수 있습니다.

당연히 부를 이루는 규모도 커지겠지요.

군인으로 비유하자면 장군감입니다. 군중을 압도하는 카리스마가 있고 자신감과 야망으로 똘똘 뭉친 상이라고 볼 수 있습니다. 모든 행동에 위엄이 있고 말에도 힘이 있어서 이런 사람이 연설이나 강의를 하면 사람을 강하게 끌어당길 수 있습니다.

위맹지상을 찾아내는 방법

위맹이 도대체 무엇이냐 묻는다면 한순간에 상대를 압도하는 눈빛이라 말하고 싶습니다. 첫 등장만으로도 그 장소의 공기를 압도하는 힘, 절대 가볍게 보이지 않는 그 사람이 가진 분위기라 할 수 있습니다. 위맹지상을 한눈에 확인할 수 있는 얼굴을 예로 들자면, 카리스마 하면 다들 끄덕끄덕할 만한 가수인 나훈아 님입니다. 나훈아 님의 얼굴에는 전체적으로 위맹지상의 느낌이 짙게 깔려 있습니다.

또 위맹지상을 이해하고 싶다면 우리나라 역대 국방부 장관들의 상을 보라고 이야기합니다. 한 나라를 지키는 조직의 최고의 우두머리의 상에서 위맹지상의 느낌을 가장 확실하게 받을 수 있기 때문입니다. 대표적으로 정경두 전 국방부 장관의 상을 예로 들 수 있습니다.

위맹지상을 보이는 사람들은 그 강렬한 기운 자체가 타인을 압도합니다. 그렇기 때문에 위맹지상이 짙은 상은 기본적으로 본인은 고독할지 모릅니다(원래 우두머리는 고독합니다). 그러나 고독을 극복할 만큼 영웅심리, 성공하고자 하는 의지, 우두머리 기질이 강합니다. 따라서 명예나 대의명분을 중요시 하는 삶을 살아가게 됩니다.

탐욕에 거리를 두는 큰 그릇

카리스마와 야망으로 진취적인 삶을 살아가는 위맹지상과 욕심과 탐욕이 많은 완악頑惡과는 분명히 구분해야 합니다. 완악지상은 욕심이 과해 살기로 드러나지만 위맹지상은 타인을 위협하는 기운을 내뿜는 게 아닙니다. 나만 잘되면 된다는 생각보다는 만인을 아우르고 공익을 위해 나아가는 리더가 되겠다는 생각을 가진 큰 사람이라 볼 수 있지요.

위맹지상의 야망은 여유가 있는 자신감을 동반합니다. 어떻게 보면 이것이 거만하게 보일 수도 있으나, 넘치는 자신감으로 모든 일을 추진하는 모습이 만인에게 신뢰를 주므로 사람들이 따르는 것입니다. 청수지상도, 후중지상도 이 위맹지상이 곁들여져야 목표나 뜻을 가지고 높은 곳으로 올라설 수 있습니다.

물론 살아가면서 욕심을 적당히 부릴 수 있다면 이는 조금 더 나은 인생으로 발전시키는 원동력이 됩니다. 이상적인 목표를 달성하기 위한 적당한 욕심은 여럿 있습니다. 큰 뜻이 아니더라도 '더 좋은 회사로 가기 위해' '더 많은 연봉을 받기 위해' '더 나은 삶을 살기 위해' 등의 목표를 달성하기 위해 '값진 노력'을 하게 되는 것입니다. 위맹지상은 이 욕심이 절대 적정선을 넘지 않습니다. 즉 욕심이 선을 넘어 완악이 되지 않고 적당한 목표 의식이 되어 진취적인 삶을 살아갈 수 있는 것이 위맹지상을 지닌 사람입니다.

욕심이 지나치면 내 욕심을 채우기 위해 타인을 희생시킬 수도 있고, 욕심만큼 채워지지 않는 현실에 마음이 안정되지 못하고 삐뚤어지기도 합니다. 이 모든 것은 관상에 드러납니다. 그래서 지나친 욕심은 삶을 올바른 방향으로 나아갈 수 없게 만듭니다.

리더십으로 타인을 희생시키는 것이 아니라 이끌고 나아가는 힘이 있는 사람은 존경받고 군중의 리더가 됩니다. 자신의 욕망이 지나쳐 혹여 나만 생각하고 있진 않은지, 혹은 나의 목표를 위해 타인을 희생시킬 수 있는 나쁜 마음을 갖고 있지 않은지 생각해 보아야 합니다.

   개인의 잇속만 챙기는 자는 절대 존경받을 수도 없고, 리더가 될 수도 없습니다. 큰 뜻을 품은 사람일수록 자신의 욕망을 컨트롤 할 수 있는 힘이 중요합니다. 개인보다 전체를 보는 눈이 있는 자, 그래서 만인이 따르고 존경을 받는 자가 바로 위맹지상입니다.

평범한 사람들의 얼굴, 고괴지상

우리가 주변에서 흔히 볼 수 있는 보통 사람들의 얼굴, 고괴지상古怪之相에 대해 이야기해 보려 합니다. 고괴지상이라는 어감이 주는 느낌 때문에 '무언가 나쁜 뜻 아니야?'라고 생각할 수 있습니다. 단어 그대로 '옛날 것 같고' '괴이한 느낌'이라는 뜻의 고괴지상은 가장 많이 볼 수 있는 얼굴에 가깝습니다. 이를 달리 말하면, 거의 모든 사람은 고괴지상의 얼굴을 가지고 있다는 뜻이기도 합니다.

고괴지상을 찾아내는 방법

흔히 평범한 사람을 범부필부凡夫匹夫라고 합니다. 이 범부필부는 고괴지상을 의미합니다. 모든 사람의 얼굴을 한데 모았을 때 나타나는 평균적인 외모가 고괴지상이 아닐까요? 평범한 얼굴이 도대체 어떤 얼굴인지 느낌을 이해하기 어려울 수 있습니다.

고괴지상을 가장 많이 볼 수 있는 대표적인 장소가 있습니다. 그곳은 바로 '동사무소'입니다. 의외이지요? 고괴지상이라고 하면 기괴한 상이라 볼 수 있는데 어째서 공무원의 상이 고괴지상일까요?

고괴지상은 얼굴에 모가 나거나 굴곡이 있는 부분이 있습니다. 여기서 이런 모나고 굴곡진 것 자체가 인생의 수고로움을 의미합니다. 순수 100% 고괴지상이라면 삶의 수고로움이 정말로 클 것입니다.

동사무소에서 고괴지상이라는 그 느낌을 알고 싶다면 공무원이라는 직업 자체가 주는 상대적 안정감, 공무원으로 사는 삶의 순탄함, 피 끓는 야망보다는 안정을 추구하는 삶을 살고 싶어 하는 마음 등을 생각해 보면 됩니다. 따라서 공무원 외에도 기술직 그리고 종교인이 고괴지상에 속합니다. 평범한 집안에서 자랐으며 현실에 만족하고, 안정적인 삶을 살아가고, 본인이 가진 욕망도 적습니다. 주어진 일을 그저 묵묵히 하는 사람들이기 때문에 나이를 먹고 살아가면서 삶은 점점 안정됩니다. 이 안정적인 삶을 살며 욕망과 거리두는 마음가짐으로 인해 얼굴에 고괴지상이 형성되는 것입니다.

고괴지상에 다른 상이 섞이면 의미가 달라진다

예전에 TV에서 유명한 관상학자가 나와서 고괴지상의 대표적인 얼굴로 배우 송강호 님을 언급한 적이 있습니다. 그러나 이러한 사람들은 순수 100% 고괴지상의 얼굴로 보기 어렵습니다. 고괴지상에 다른 상이 적절히 섞였기 때문에 송강호 님은 연기자의 표본일 수 있는 '잘생긴 얼굴'이 아니라 조금 괴기스럽게 튀는 얼굴로 명성을 떨치고 부와 명예를 얻는 삶을 살아가는 것입니다. 송강호 님은 고괴지상에 후중지상이 적절히 섞인 상이라 볼 수 있습니다.

고괴지상에 재능이 부여되면 그 재능이 확 드러나는 결과를 얻을 수 있습니다. 그렇게 자신의 독특한 상과 재능이 더해져 두드러지는 사람을 연예인으로 예시를 들자면 유해진 님과 송강호 님 그리고 유재석 님이 있습니다. 고괴지상이 토대라고 할지라도 다른 상이 어느 정도 섞여 있는지에 따라 삶의 방향이 달라집니다.

물론 공무원들의 얼굴에도 고괴지상이라는 토대에 다른 팔상이 섞여 있는 경우가 많습니다. 우리도 마찬가지입니다. 우리는 모두 고괴지상에 다른 상이 섞인 얼굴을 하고 있습니다. 즉 보통의 얼굴에는 대부분 고괴지상이 녹아 있다는 의미입니다. 이 고괴지상에 어떤 상이 섞이고, 어떤 재능이 발현하는지에 따라 명성이나 부를 얻을 수 있는 것이지요.

고괴지상은 큰 욕심이 없기 때문에 살기나 악함도 없습니다. 그리고 특별한 삶이 아닌 우리 주변에서 볼 수 있는 평범한 삶을 살아가는 사람들의 얼굴에는 대체로 고괴지상의 얼굴이 짙게 깔려 있습니다.

평범한 삶을 살아가는 사람들의 상이 과연 좋지 않은 상을 지녔다고 이야기할 수 있을까요? 당연히 꼭 남들보다 드러나고 앞서는 삶을 사는 상이 좋은 상이라고 생각하지는 않습니다. 평범하게 살 수 있는게 얼마나 고마운일인지 아는 사람은 이 사실을 알 것입니다.

관상은 마음먹기에 따라 충분히 변할 수 있습니다. 운명을 논하면서 유일하게 우리 의지로 바꿀 수 있는 곳이기도 합니다. 마음을 어떻게 먹고 살아가느냐에 따라 나이 들어가며 얼굴이나 사람의 분위기가 많이 달라집니다. 되고 싶은 상이 있다면 그렇게 마음먹고 살아가면 됩니다.

어쩐지 웃는 얼굴이
슬퍼 보이는 고한지상

연예인들이 큰일을 겪고 난 뒤에 얼굴이나 눈빛이 많이 달라진 모습을 여러 매체를 통해서 한 번쯤 본 적 있지요? 흔히 "어머, 그렇게 예뻤던 사람이 큰일을 겪더니 얼굴이 변했어"라고 말하는 경우입니다.

관상은 내가 살아온 흔적을 담는 그릇이기 때문에 살아온 세월에 따라 많이 달라집니다. 밝고 명랑했던 사람이 세월이 흐른 뒤에 어딘가 무겁고 어두워 보인다면 우리는 얼굴에 서려 있는 그 '어둠'으로 그간 그 사람이 지나온 시간이 힘들었음을 유추할 수 있습니다.

• 내 인생은 어떤 얼굴을 하고 있는가

이렇게 얼굴에서 느껴지는 슬픔, 고독, 외로움, 차가움이 짙게 있는 상을 고한지상孤寒之相이라고 합니다. 고한지상은 말 그대로 외로울 고孤, 차가울 한寒, 즉 외롭고 쓸쓸한 상을 의미합니다. 외로운 학 같은 고독한 삶을 살게 되는 상이라고 이야기하지요. 그렇기 때문에 인생을 살아가다 외롭고 쓸쓸해지는 시간을 겪는다는 의미이기도 합니다.

고한지상을 찾아내는 방법

얼굴에 고한지상이 짙게 깔려 있다면 야망이나 성공에 대한 의지가 없고 의욕이 없는 삶을 살 수 있습니다. 고한이라는 것 자체가 생동력과는 반대의 의미이기 때문입니다. 동적인 삶보다는 정적인 삶을 살아가게 됩니다.

체형으로 판단하자면 몸이 마르고 목과 팔다리가 길며 어깨는 처져 있습니다. 나이가 들면 허리도 약간 굽겠지요? 얼굴에서는 슬퍼 보이고 의욕이 없는 표정을 쉽게 보입니다. 고독하고 가난할 수 있는 상이라고도 표현합니다. 사람 자체가 조금 어두울 수 있습니다. 그렇기 때문에 얼굴에 수심이 가득하며 성격은 내성적이고 매사에 의욕이 없지요.

고한지상이 있는 얼굴은 외로움이 많은 상인지, 쓸쓸함이 많은 상인지에 따라 나뉘게 됩니다. 앞서 말했듯이 고한지상은 고독하고 차가운 상을 뜻합니다. 즉 늘 고독함을 안고 살아갈 수 있습니다. 그런데 얼굴에 순수한 고한지상만 있는 사람들은 슬픈 삶이 아닌 오히려 행복한 삶을 살아갈 수도 있습니다. 이게 무슨 말일까요?

순수한 고한지상을 나타내는 사람들은 스스로 고독한 인생을 선택한 사람들입니다. 어떤 상황에 처해 원치 않는 고립을 형성한 것이 아니라 스스로 고립된 인생을 선택한 것이지요. 그렇기에 오히려 내가 선택한 그 고독한 삶에서 행복을 느끼며 살아갑니다.

스스로 고독한 인생을 선택하는 사람들로는 대표적으로 종교인들이 있겠지요. 스스로 세속과 단절된 삶을 사는 종교인들의 얼굴이 고한지상의 대표적인 얼굴이라 볼 수 있습니다.

또 다른 직업군으로는 작가, 연구원, 역술가 모두 고한지상의 직업군에 속합니다. 앞서 이야기한 자발적 고립, 그리고 그것을 견디는 인내가 있어야 하는 직업군에 종사하는 사람들이 고한지상에 속하는 경우가 많습니다.

평안을 찾아 고립으로 떠난 사람들

자발적 고독을 택한 사람을 많이 만나볼 수 있는 TV 프로그램이 있습니다. 바로 <나는 자연인이다>라는 프로그램입니다. <나는 자연인이다>에 출연한 사람들은 대부분 본인 의지로 고립된 삶을 사는 사람들이지요.

이렇게 혼자 산속에서 살게 된 사연이 없는 사람은 없습니다. 하지만 스스로 고립을 선택한 삶이기에 과거에 아픔이 있었을지도 모릅니다. 그러나 현재는 자신의 삶에 만족하며 누구보다도 편안한 얼굴로 삶을 살아갑니다.

스스로 고립 속으로 들어가는 선택을 한 또 다른 경우가 있습니다. 나이가 들어 은퇴 후 귀농을 하는 사람들에게도 고한지상이 보이는 경우입니다. 사회 활동을 멈추고 직장에서 은퇴를 한다고 해서 모두가 도시를 떠나 한적한 시골에서 씨를 뿌리고 거두며 사는 삶을 살지는 않지요. 아직 젊은 나이인데 "나는 나중에 나이가 들면 한적한 시골에 가서 농사짓고 살 거야"라는 생각이 든다면 '아 나의 말년에 고한지상의 영향을 받을 수 있구나'라고 생각하면 됩니다.

고한지상은 밝고 진취적인 느낌과 반대되는 기운이기도 합니다. 그렇다고 고한지상이 좋지 못한 관상이라는 의미는 아닙니다. 좋은 관상의 가장 기본은 밝은 얼굴과 긍정적인 생각입니다. 이 두 가지는 결국 하나로 이어지는 기운이기도 합니다. 어떠한 시련이 닥쳐도 늘 긍정적인 생각으로 웃는 얼굴로 노력한다면 그 시련의 시간을 견디고 비로소 이루고자 하는 것을 쟁취할 수 있는 것입니다. 고한지상은 평안을 쟁취하기 위해 고독을 찾아 떠나는 것이지요.

평범한 사람이 얼굴에 고한지상의 느낌이 짙게 있다면 밝고 긍정적인 생각이나 이야기를 하기가 어렵습니다. 우울한 생각이 들 때마다 억지로라도 입꼬리를 올리고 웃는 얼굴로 내 인생의 앞날을 누구보다도 밝게 그려가야 합니다.

관상은 변합니다. 시련을 딛고 살아가는 얼굴일지라도 어떻게 받아들이느냐에 따라 시련의 결과는 모두 달라지기 마련입니다. 그러니 항상 웃는 얼굴로 밝은 미래를 꿈꾸기를 바랍니다. 밝은 얼굴, 긍정적인 생각이 좋은 관상을 만들고, 좋은 관상은 곧 좋은 인생을 만들 수 있습니다.

약하고 어리석지만
보호받는 박약지상

박약지상을 찾아내는 방법

팔법 중에 박약지상薄弱之相은 의외로 구분하기 쉬운 상이기도 합니다. 체구가 작으면서, 몸이 얇고 메마르며, 성격도 소심하고 내성적이며, 표정을 보면 의욕이 없어 보이고, 몸과 마음이 약하면서 어리석은 생각을 하는 사람이라고 이야기할 수 있습니다. 내성적인 성격이다 보니 감정도 잘 드러나지 않습니다. 쉽게 말해 소심한 성격이지요.

체구가 작고 메마르다고 이야기했는데, 사람들 중에 유독 약해 보이고 마르고 얇은 뼈를 가진 분을 한 번쯤은 만나보았을 것입니다. 그런데 마른 체형이 무조건 박약지상은 아닙니다. 마른 체형이라도 그 체형에서 강단이 느껴지는 사람들은 박약지상에 속하지 않습니다.

진정한 박약지상은 뼈대가 얇으면서 굉장히 힘이 없고 약해 보이는 체형을 보입니다. 이러한 사람들이 박약지상에 속합니다. 박약지상을 이해하기 위해 예시로 들 수 있는 유명인으로는 개그맨 이윤석 님, 김경진 님, 한민관 님같이 마르고 힘이 없어 보이는 상을 떠올리면 될 것 같습니다. 마른 몸이 아닌 다른 부분에서 쉽게 구별할 수 있는 특징은 잇몸을 훤히 드러내며 웃는 '입'입니다.

박약지상은 나약하고 어리석음이 있는 사람이지요. 다만 어리석음은 있으나 악의는 없는 사람입니다. 하지만 그 어리석음이 주는 흉凶이 있습니다. 박약지상의 체상體相에서 느껴지는 느낌은 귀해 보이기보다는 경박하고 소심함입니다. 이러한 이유로 요즘 젊은이들 사이에서 유행 중인 모델처럼 뼈가 도드라지게 보일 정도로 마른, 일명 '뼈말라 체형'은 사실 관상학적으로는 좋은 체상이 아닙니다.

욕망이 과하면 흉이 된다

박약지상은 비록 보기에는 의욕이 없어 보여도 자신의 인생을 살아가는 데 있어서 추구하는 욕망이 있습니다. 이것이 욕심이 없는 고한지상과 가장 큰 차이점입니다.

박약지상은 자신의 인생 안에서 작은 욕망이 있다 할지라도 타인을 향한 살기를 보이지는 않습니다. 자신의 욕심 때문에 남에게 해를 끼치거나 남의 것을 탐하는 마음이 없는 상이기 때문에 귀격의 삶을 살아가지는 못해도 다른 사람들로부터 이쁨이나 보호를 받습니다. 악한 마음을 먹고 살아가지 않기 때문에 아무리 힘든 상황을 겪게 되어도 주변 사람들로부터 도움을 받을 수 있지요.

즉 가난한 삶을 살지라도 늘 자신의 최소한의 의식주를 누릴 수 있는 삶을 살아갑니다. 아무리 가난해도 열심히 살아가면 굶어 죽을 만큼의 바닥을 치진 않는다는 이야기이지요. 이것이 다른 상격上格의 상들과 비교했을 때의 가장 큰 차이점이기도 합니다. 타인을 향한 나쁜 마음을 먹고 살아가지만 않아도 적어도 나의 먹을 것은 보장이 된다는 뜻입니다.

또 하나 박약지상에 얽힌 재미있는 사실로는 관상에 박약지상이 있는 남자가 처복이 있다는 점입니다. 큰 욕망으로 인해 타인을 향한 날 선 마음이 없는 유순한 남자는 그 선한 마음이 복으로 되돌아오면서 남자보다 주체성이 있는 여자를 만나 보호를 받을 수 있습니다. 본인보다 추진력이 좋고 경제적 능력도 월등히 좋은 여자를 만나 큰 어려움 없이 사는 복을 받는 것이지요.

선한 남자는 비록 자신의 인생에서 큰 부와 명예를 이루진 못할지라도, 벼랑 끝에 몰릴지라도 '보호' 받을 수 있는 대상이 곁에 존재하는 것입니다. 그래서 박약지상에 속하는 상을 가진 연예인들 중에 처복이 있는 사람이 많습니다.

만약 내 얼굴에 박약지상의 모습이 보인다면 짧은 생각과 어리석은 선택으로 삶이 고단해지지 않게 살아가야 합니다. 그리고 늘 지혜와 현명함을 갖추기 위한 노력해야 합니다. 끊임없는 자기개발과 성찰로 얼마든지 박약지상의 느낌은 벗어던질 수 있습니다. 관상은 내가 살아온 인생을 담지만, 앞으로 어떤 세월을 살아가는지에 따라 관상 역시 변하기 때문입니다.

살기가 과하면
추악함이 남는 완악지상

과한 욕심을 부리다가 끝에 가서는 사납고 추악한 사람으로 변모하는 사람들이 있습니다. 이런 사람들의 얼굴을 완악지상頑惡之相이라고 합니다. 이런 사람은 오로지 자신의 이득만을 위해 살아가기 때문에 이기적이면서 간교합니다. 다른 사람의 것을 쉽게 탐하기 때문에 양심과 예의 역시 없습니다.

정리하자면, 완악지상을 보이는 사람은 자신에게 득이 되는 무언가를 위해서는 맹목적으로 움직이는 사람입니다.

완악지상을 찾아내는 방법

___

팔상 중 어떤 상이 토대가 되든 완악지상의 느낌이 너무 짙거나 혹은 완악지상이 토대인 사람은 구설시비가 끊이질 않습니다. 심각한 문제는 자신의 입으로 그 구설시비를 스스로 만든다는 사실입니다.

사람이 중에 유독 구설시비를 일으키고 상대를 비난하는 언행으로 이슈가 되는 사람의 입을 잘 살펴보면 공통점이 눈에 들어옵니다. 입에 살기가 가득합니다. 심상이 바르지 못한 사람은 인상도 선하지 못하다는 이야기겠지요.

저는 얼굴에 완악이 지나친 사람들을 보면 안타깝습니다. 이런 사람들은 일단 남을 대하는 태도 자체가 정상적이지 않을 가능성이 있습니다. 정상적인 관계를 맺으며 사회생활을 유순하게 보내기가 어렵지요. 지독하게 타인을 향해 자신의 살기를 뿜어내기 때문입니다. 완악이 지나치게 강하면 살기가 되고, 이런 기운이 얼굴에 선명하게 감돈다는 것만으로도 그 사람과 관계를 맺는 사람은 좋지 않은 영향을 받을 수 있습니다.

우리가 어떤 사람을 만나본 후 '저 사람 어쩐지 좀 으스스한 기분이 들어서 같이 있고 싶지가 않아'라던가 '저 사람 너무 비관적이라 같이 있으면 나까지 우울해지는 것 같아'라는 느낌을 받을 때가 있습니다. 이런 사람과는 어쩐지 가까이 오랜 시간 함께 하고 싶지 않다는 생각이 듭니다.

같이 있으면 긴장이 되거나 기가 빨리는 느낌이 들어 힘들어지는 사람이 있지요. 이런 느낌을 들게 하는 것 자체가 좋지 못한 기운을 뿜어내는 사람이라는 뜻입니다. 달리 말하자면, 강한 완악은 살기를 담고 있어 자신에게 좋은 영향을 미치지 않습니다. 살기가 강한 사람들이 암이나 종양성 질환 등 큰 병을 앓게 되는 경우가 이런 이유 때문입니다.

타인에게 해를 끼치는 과도한 이기심

완악지상의 맹목적 이기심은 가장 밀접한 관계를 맺은 사람들을 해칠 수 있다는 이야기이기도 합니다. 무엇보다 성공을 향한 집착과 무조건적인 욕심은 결국 결과, 성과를 만들지 못한다는 뜻이지요.

물론 욕심이 꼭 나쁜 개념은 아닙니다. 사업가로 성공하는 사람에게 완악지상은 필수 요소입니다. 사업뿐 아니라 어느 한 분야에서 최고가 된 사람들의 얼굴에서 완악지상은 어느 정도 빠질 수 없습니다. 적당한 욕심은 삶에 원동력이 될 수 있다는 말입니다. 다만, 욕심이 너무나 지나쳐 과욕이 되었을 때 문제가 생길 수 있으며, 이때 얼굴에는 완악이라는 기운으로 드러나게 됩니다.

현대사회는 어느 분야든 한 분야에서 최고의 자리에 오르면 '성공한 삶'이라 이야기합니다. 현대사회를 살아가는 사람들은 언제나 '성공한 삶'을 목표로 해 움직이고 있으니 이 완악지상이 없어서는 안 됩니다. 성공한 사람들의 얼굴에 상격인 청수지상, 후중지상, 위맹지상만 보이는 것이 아니라는 이야기입니다. 상격의 상에도 적당한 욕심, 바로 완악지상이 섞여 있습니다.

하지만 욕심은 과하면 탐욕이고, 지나친 탐욕은 인간을 추악하게 만듭니다. 그래서 얼굴에 이 완악지상이 적절하게 섞여 있는 게 좋습니다. 완악지상이 적절히 녹아 있다면, 그 욕심을 삶의 원동력이나 목표를 향해 나갈 수 있는 힘으로 삼을 수 있다는 뜻입니다.

이는 누구나 아는 이야기지만, 인간이 욕심에 눈이 멀어버리면 쉽게 이성을 잃고 얻고 싶은 것을 위해 무엇이든 할 수 있는 인간이 되어버립니다. 최악으로 치달으면 법이나 도덕 윤리 따위 가볍게 무시할 수 있는 추악한 사람이 되는 것이지요.

완악이 지나치면 탐욕적이며, 미련하고 예의와 절개가 없고, 사납고 살기가 넘치는 사람이 되어 관상에서 말하는 '격'이 아주 낮은 사람이 되어버립니다. 이러한 살기가 강하면 나와 가장 가까운 관계를 맺는 사람들에게 악영향을 주게 됩니다. 그래서 완악지상의 경우 배우자가 큰일을 당하거나 자녀가 큰일을 당하는 경우도 종종 있습니다.

관상을 배우면 배울수록 사람은 항시 밝은 기운을 내뿜어야 좋다는 사실을 알게 됩니다. 밝은 기운, 긍정적인 생각이 좋은 관상을 만드는 것이지요.

그렇다고 나의 욕망을 겉으로 드러내지 않거나 억누르고 있으면 괜찮을까요? 그 욕망대로 인생이 흘러가지 않을 때 그로 인한 정신적인 고통은 나를 병들게 합니다. 무엇보다 그런 욕망에서 비롯한 심상은 말로 표현하지 않아도 얼굴에 드러납니다. 그래서 우리는 평소에도 고운 마음을 간직하며 밝은 사람으로 살아야 하는 것입니다.

저는 제일 좋은 관상은 밝고 긍정적인 기운을 주는 상이라 생각합니다. 그리고 내가 타고난 분(分)을 너머서는 지나친 욕심을 버리고 작은 행복을 온전히 느낄 수 있어야 좋은 관상을 유지할 수 있습니다. 이러한 삶을 살게 된다면 얼굴에서 살기를 찾아볼 수 없을 것입니다.

생각이 짧고 속되면
모든 것을 잃는 속탁지상

속탁지상俗濁之相은 어감이 주는 느낌 그대로라 생각하면 됩니다. 상相이 속俗되고 맑지 않고 탁濁하다는 의미를 지녔지요. 팔법 중 가장 천한 상으로 분류됩니다. 누군가의 모습을 보았을 때 어딘가 사람 자체가 가벼워 보이고, 신뢰가 안 간다는 느낌을 줍니다. 나태지옥에 빠져 있는 것처럼 의욕도 없고 게을러 보이는 사람, 그런 느낌을 주는 사람이 기본적으로 속탁지상에 해당합니다.

속탁지상을 찾아내는 방법

속탁지상의 느낌을 주는 사람은 일단 현실성이나 융통성이 없고 게으르고 나태합니다. 결과를 위해 '지속적인 노력'을 하지 않는 사람입니다. 통속적이고 지나치게 세속적이기에 혼탁합니다. 이런 사람에게 현명함을 찾아볼 수가 없겠지요.

따라서 평소에 하는 생각이 짧고 속됩니다. 아무런 목표나 의욕 없이 살아가는 사람이 될 수밖에 없습니다. 순수 속탁지상은 이러한데, 여기에 완악지상이 섞이게 되면 융통성을 발휘해도 범법을 저지르는 방향으로 발휘하는 사람이 되는 것이지요.

속탁지상의 얼굴을 보이는 사람 중에는 범죄자, 사기꾼들이 많습니다. 그 이유는 속탁지상은 '지속적인 노력'을 하지 않기 때문입니다. 노력을 싫어한다는 것은 결국 노력 없이 혹은 적은 노력으로 빠른 시간에 큰 성과를 내는 것이 더 나은 삶이라 생각으로 이어집니다.

이런 사람이 욕심이나 목표가 생기면 어떻게 할까요? 보통 사람은 자신의 목표를 위해 노력하는 것이 당연하다 생각하지만, 이런 사람들은 큰 노력 없이 횡재를 달성하려 합니다. 그래서 속탁지상에 완악지상이 섞여 소유욕이나 욕심이 강해지면 자신의 이익을 위해서 어떠한 나쁜 짓도 할 수 있는 사람이 됩니다.

　희대의 사기꾼으로 한때 세상을 떠들썩하게 만들기도 했던 인물들의 얼굴을 뉴스에서 한 번쯤 본 적이 있지요? 주식이나 코인 사기처럼 겉은 굉장히 번지르르하게 포장해서 불특정 다수에게 금융 사기를 일삼는 사람들의 얼굴을 조금만 들여다보면 '어딘가 있어 보이는' 모습은 그저 포장에 불과하고 그저 '속탁지상'의 부류에 속한다는 사실을 알 수 있습니다. 즉 빛 좋은 개살구이지요.

　무엇이든 쉽게 하려는 마음, 타인의 땀나는 노력을 바보 취급 하고, 우습게 보는 것은 결코 올바르거나 정상적이지 않지요. 이 속탁지상의 언행이나 행동을 보면 다른 사람의 노력을 폄훼하는 사람이라는 사실을 알 수 있습니다. 또한 노력 없이 이루는 게 익숙한 사람이므로 부모에게 자산을 아무리 많이 물려받아도 이것을 지킬 힘이 없으니 어설픈 사업 형태나 사기 등으로 순식간에 잃게 되는 경우도 빈번합니다.

속탁지상에서 벗어나기 위한 마음가짐
___

　현대사회에서 좋은 능력으로도 쓰이는 도화도 '속탁지상'이라는 큰 범주 안에 포함되는 개념입니다. 가볍고, 경박하고, 우리가 말하는 섹시함이나 요염함도 도화에 해당합니다. 사실 시대가 변해서 도화가 사회적 성공을 이루는 데 하나의 무기가 되었습니다. 그럼에도 평범한 인생을 사는 일반인의 얼굴에 도화가 지나치게 많이 섞이는 것은 좋지 않습니다.

연예인들은 만인의 관심과 사랑을 받아야 하는 사람이기에 이 도화라는 요소가 필요합니다. 그러나 평범한 인생을 살아가는 사람에게 만인의 관심과 사랑을 받는다는 의미는 무조건 긍정적으로 해석할 수 없습니다.

아무리 청수지상, 위맹지상, 후중지상의 얼굴을 보일지라도 속탁지상이 얼굴에 많이 섞이면, 그 우수하고 똑똑한 머리를 나쁘게 쓸 수도 있습니다. 이는 자신의 이익을 위해서라면 물불 가리지 않는 사람이 될 수 있다는 뜻이지요. 그래서 그 좋은 머리를 오로지 자신의 이익을 위해 남을 해치는 데 쓸 수도 있습니다.

앞서 설명했듯이 속탁지상과 완악지상이 합해지면 정말 자신의 이익을 위해 무엇이든 하는 사람이 됩니다. 사기꾼이나 범죄자, 아주 저급한 장사치들이 이러한 상을 보이지요. 자신의 이익을 위해 타인에게 해를 끼치는 것은 말할 것도 없고, 자신의 이익을 위해서는 양심이나 체면 따위 아주 쉽게 버릴 수 있는 사람인 것입니다. 자기 잇속만 챙기다 보니 타인과 끊임없이 시비구설을 만들고 살아갑니다. 변호사인 사람이 '사기'나 '자극적인 소재'로 타인에게 상처를 입히며 이슈를 만들어 돈을 벌며 뉴스에 오르내리는 사람들이 있지요? 이런 사람들이 바로 좋은 머리를 나쁘게 쓰는 경우입니다.

여기까지 읽고는 '혹시 그러면 내가 이런 상에 해당하면 어쩌지?' 하고 걱정하는 사람들이 있을 것입니다. 이러한 생각이 든다면 한 번쯤은 나는 내 인생을 위해 괜찮은 노력을 하고 있나 짚어보아야 합니다. 한 칸 한 칸 올라가는 계단을 우습게 보는지, 조금 더 빠르게 높게만 올라가고 싶은 욕망에 사로잡혀 있진 않은지를 성찰해 보아야 합니다. 모두가 이타적인 삶을 살 수는 없지만 적어도 내가 개인의 이익을 위해 타인을 희생시키며 살지는 않는지 한 번쯤은 생각해 보아야 합니다. 그리고 그런 마음가짐 자체가 '속탁지상'이라는 점을 깨달아야 합니다.

부적절한 생각이나 방법으로 빠르게 목표를 성취한 만큼 빠르게 추락할 수 있는 것이 인생사이기에 순간의 성취에 현혹되어서는 안 됩니다. 묵묵히 천천히 차근차근 올라가는 그 단단한 힘을 우습게 알아서도 안 됩니다. 이상하리만큼 목표에 빠르게 도달할 수 있는 길은 한 번쯤 의심을 해보아야 합니다. 결국, 사기꾼에게 당하는 사람도 빠르고 높게 올라가려는 욕심을 전제로 한 사람이 대부분이기 때문입니다.

안일한 판단을 하고 욕망만 앞서는 마음들이 모여 속탁지상의 얼굴이 됩니다. 사주는 바꾸지 못해도 관상은 어떤 마음가짐으로 어떻게 살아가는지에 따라 충분히 변합니다.

관상에서 가장 유명한 말이 관상불여심상觀相不如心相입니다. 관상이 아무리 좋아도 심상을 따라갈 수 없다는 뜻입니다. 내가 얼마나 올바른 마음가짐을 가지고 살아가느냐에 따라 관상은 변하고, 그 관상은 사주를 뛰어넘습니다. 자신이 완악지상에 해당하는 것 같다면, 욕망에 휘둘리지 않는 단단한 마음가짐을 갖추어야 합니다.

노력으로 결실을 맺고, 다른 사람의 이익을 탐하지 않는 사람이 되고자 노력한다면 자연스레 완악지상으로부터 멀어질 것입니다.

우리는 다양한 사람과 관계를 맺고, 연을 이어가며 살아야 하기 때문에 타인에게 관심을 주지 않을 수 없다. 이러한 이유로 자신이 한 말과 행동에 따라 타인의 기분이 어떻게 달라지는지를 알고 싶어 한다. 타인의 기분을 관상으로 읽을 수 있다면 어떨까? 가족의 기분, 연인의 기분 그리고 직장 동료들의 기분까지 관상으로 읽을 수 있다면, 인생의 큰 고민거리 하나가 줄어들 것이다.

3장

감정을 읽을 수 있는 얼굴

눈썹과 머리카락에서
성격이 보인다

영화배우 송강호 님이 관상가로 나왔던 영화 <관상>을 보면, 송강호 님께서 누구든 얼굴을 보면 모든 것을 꿰뚫어 보는 사람처럼 묘사되었습니다. 해당 영화를 보지 않았더라도, 한 번쯤 '관상가는 얼굴만 보고 내가 어떤 사람인지 어떻게 아는 걸까?'라는 의문을 품은 적이 있을 것입니다.

얼굴은 정말 많은 것을 담고 있습니다. 사람의 성격마저 드러나는 곳이지요. 심지어 머리카락을 보고도 꽤나 많은 것을 유추할 수 있습니다. 눈썹 역시 관상가에게는 기운을 해석하는 데 좋은 지표가 됩니다. 머리카락과 눈썹으로 사람의 인생길을 이해하는 방법을 알아보겠습니다.

관상학에서 이야기하는 좋은 눈썹이란?

관상서에서는 좋은 눈썹이란 '적당한 폭으로 어미보다 조금 길고, 윤택하며 털이 가지런해야 좋다'라고 정의합니다.

많은 사람이 오해하는 내용 중 하나가 바로 '눈썹 숱'과 '눈썹 굵기'입니다. 눈썹이 진하고 둥근 형태를 갖추어야 좋다고 생각하기에 눈썹 숱과 형태에 특별히 신경을 씁니다. 특히 예쁜 모습의 미적 기준이 되어버린 연예인들의 눈썹을 쉽게 접하기 때문에 더욱 신경을 쓰는 것 같습니다. 남자 연예인들의 짙은 눈썹과 여자 연예인들의 둥근 눈썹이 좋은 눈썹이라는 인식이 대중화되었지만, 사실 좋은 눈썹을 판단하는 데 눈썹 숱이나 굵기가 크게 중요하진 않습니다.

관상이나 사주나 '보통' '평범함'이라는 기준에서 벗어나는 모양새를 그리 길한 것으로 보지 않습니다. 따라서 눈썹 숱을 두고 이야기를 한다면 눈썹 숱이 너무 적어도 좋지 않은 눈썹이고, 지나치게 많아도 좋지 않다는 것입니다. 그리고 검은 숯처럼 짙은 눈썹이 미적 관점에서는 좋은 눈썹일 수는 있어도

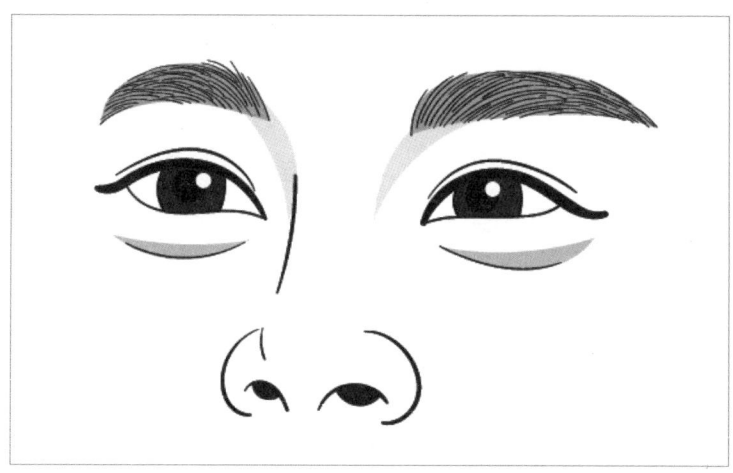

▲ 좋은 눈썹에 해당하는 가지런한 눈썹

관상학적으로 좋은 눈썹은 아니라는 이야기지요. 다시 말해, 눈썹 숱이나 눈썹 길이 그리고 굵기에 너무 연연하지 않아도 됩니다.

  지나치게 짙고 굵은 눈썹 역시 미적으로는 좋을지 몰라도 관상학적으로는 좋은 눈썹이 아닙니다. 오히려 너무 짙고 굵은 눈썹은 도화의 느낌이 강할 수 있습니다. 짙다는 것 자체가 눈썹이 굵고 거칠다는 의미입니다. 눈썹이 거칠고 뻣뻣하다는 사실 자체로 심상 자체가 거칠고 섬세하지 못하다고 해석할 수 있습니다. 반대로 눈썹이 가늘고 연하면 마음이 섬세한 사람일 수 있습니다.

눈썹이 굵고 짙으면 그것 자체로 남성성으로 보기도 합니다. 그런데 실제로 그 남성성이 깃든 눈썹만큼 강렬한 눈빛을 보이지 못하면 오히려 겁이 많고 심약한 남자일 수 있습니다. 만약 짙은 눈썹과 강한 눈빛을 모두 가졌다면 남녀 모두 자존심이 세고 남들 눈을 굉장히 의식하며 사는 사람일 수 있습니다.

눈썹으로 확인하는 인생길

눈썹 끝이 흩어지고 지저분해 보이는 눈썹은 재물을 모으기가 어렵다고 봅니다. 의지와 인내력이 마지막까지 이어지지 못하고 흩어진다고 보는 것이지요. 즉 의지와 인내심 부족입니다. 즉 전체적으로 눈썹이 연하고 형태도 잘 갖추어지지 않은 사람은 마음이 약하고 의지가 약한 사람으로 봅니다. 옅은 눈썹을 가진 남자가 사회생활을 왕성하게 하며 사람을 아울러야 하는 위치에 있다면 의지박약으로 인해 사회생활에 많은 어려움을 느끼고, 원하는 목표를 이루는 데 한계가 있을 수 있습니다.

앞머리 쪽 눈썹이 서 있는 사람들이 있습니다. 눈썹이 섰다는 것은 눈썹 머리가 인당 쪽으로 나 있는 눈썹입니다. 눈썹이 인당을 향해 서 있는 사람은 감정 기복이 심하고 자신의 감정

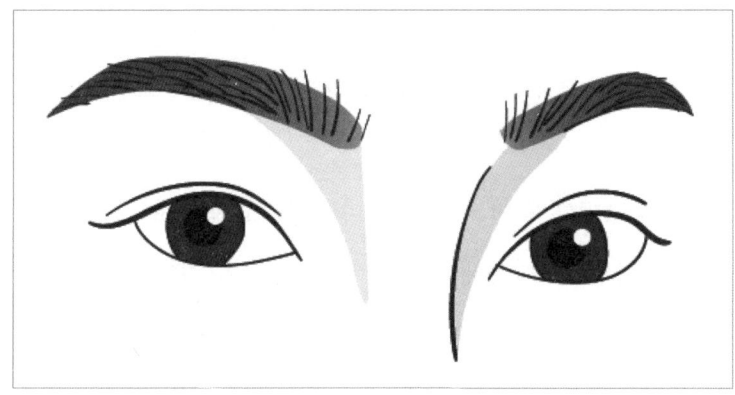

▲ 앞이 서 있는 눈썹

을 잘 다스리지 못한다고 봅니다. 감정적이라는 것은 화뿐 아니라 인정에 지나치게 이끌리거나 측은지심이 많을 수도 있다는 이야기입니다. 어떤 선택을 할 때 늘 감정에 휩쓸려 이성적인 판단을 하지 못할 수도 있습니다.

마지막으로 눈썹이 중간에 끊어져 있는 게 눈썹 관상 중 가장 큰 흉이 아닐까 싶습니다. 눈썹이 끝까지 이어지지 못하고 끊어져 있는 눈썹은 영화나 드라마에 비행청소년을 묘사할 때, 조폭을 묘사할 때 많이 보이는 눈썹입니다. 또 힙합 음악을 하는 사람들을 보면 눈썹의 일부를 일부로 끊어 놓지요. 이런 눈썹은 부도 귀貴도 어느 것 하나 유지할 수 없음을 의미합니다. 반항아 같은 이미지를 떠올리면 됩니다. 과거에 공부와 친하지 않았을 가능성이 높습니다. 감정적이니 폭력적일 수 있고, 성격도 포악할 수 있습니다. 싸움에 휘말리는 일이 흔할 수도 있지요.

눈썹이 30대 초반의 운수를 나타낸다고 했지요? 즉 눈썹에 흉이 있다면 그 나이대에 좋지 않은 일들이 일어나거나 겪을 수 있다로 해석하면 됩니다. 여자들은 화장으로 눈썹을 얼마든지 보완할 수 있으며, 요즘은 남녀 불문하고 눈썹 반영구 문신이라는 좋은 시술이 있어서 타고난 눈썹에 좋은 운을 더하고 싶은 사람들은 화장이나 시술로 얼마든지 보완할 수 있습니다. 따라서 눈썹을 잘 관리하기를 권합니다.

머리카락으로 확인하는 인생길

그러면 머리카락을 보고는 도대체 어떻게 성격을 가늠하는 걸까요? 바로 '곱슬머리'의 여부와 머리 색깔과 숱입니다.

곱슬머리의 정도가 심하면 심할수록 아주 고집스러운 성격으로 해석합니다. 고집이 대단해서 어지간해서는 남의 말을 듣지 않을 수 있습니다. 팔법으로 보았을 때 머리 색깔이 검정색으로 짙으면 짙을수록, 머리숱이 빽빽할 정도로 많으면 많을수록 완악, 살기로 봅니다. 즉 머리숱이 정말 지나치게 많고 새카만 머리를 가진 사람은 그만큼 완악을 넘어서 살기가 강하다 볼 수 있습니다.

이런 사람들은 눈썹이 인당을 향해 선 사람만큼 성격이 드셀 수 있습니다. 잘못 건드렸다간 정말 큰코다치는 것이지요. 타고난 머리숱은 어찌할 수 없을지라도 곱슬머리는 시술이 가능하고 머리색 역시 염색이 가능하기 때문에 머리카락 역시 눈썹과 마찬가지로 얼마든지 보완이 가능합니다.

하지만 타고난 성질을 완전히 가릴 수는 없을 것입니다. 내가 머리숱이 빽빽하고 머리색이 새까맣거나 곱슬머리가 심하다면 타인이 감당하기 힘들 정도로 고집이 세거나 성격이 강할 수 있다는 것을 받아들여야 합니다. 타인의 말에 귀를 기울이고 융화되도록 노력하는 것이 가장 좋겠지요?

무심코 나오는 처세를 보면
그 사람의 미래를 알 수 있다

우리에게 '말버릇'이라는 것이 있습니다. 그리고 '말그릇'이란 개념도 존재합니다. 우리는 어떤 사람의 말하는 모습을 보면, 목소리뿐 아니라 말하면서 움직이는 입의 모양과 특징, 입 주변 근육 그리고 행동을 보고 그 사람을 어느 정도 파악할 수 있습니다. '말그릇'이 크고 작은지 본인이 다 드러내고 산다는 뜻입니다. 행동도 마찬가지입니다.

'그러면 내 그릇을 보이지 않으려면 입만 다물고 있으면 되나?'라고 생각할 수도 있지만, 무의식에서 나오는 내 처세는 재채기와 비슷해서 통제하기가 힘듭니다. 그래서 나의 '그릇' '본 모습'이 무의식적으로 어딘가에서 드러나게 됩니다. 그렇기 때문에 무의식 속에 버릇으로 남으면 전혀 도움이 되지 않는 행동이 몇 가지 있습니다.

우선 말을 자주 바꾸면 신용이 없는 사람이므로 일을 맡기지 않는 게 좋습니다. 자기가 입 밖으로 내뱉은 말을 지키지 않고, 또 그것이 대수롭지 않은 사람, 기억도 못하는 사람은 믿음직한 사람일 수 없습니다.

주장이 너무 강하면서 화를 잘 내는 사람은 구설이 많습니다. 너무 강하면 부러집니다. 부러져서 좋을 게 있을까요? 부러진다는 것은 그때까지 주변 사람들과 지속적으로 부딪혔다는 이야기로 이해할 수 있습니다.

큰 은혜는 잊고, 사소한 원한에 집착하면 발전하는 사람이 되지 못합니다. 수년을 내가 도와줬는데, 하나 수틀려서 평생을 자기한테 못한 사람 보듯 돌아서 버리는 사람이 있습니다. 받은 건 기억도 못 하고 말이지요. 나쁜 감정일수록 쉽게 흘려버릴 수 있어야 대인배입니다. 나쁜 감정에 갇혀 지내면 그것만큼 큰 손해가 없습니다.

감정이 얼굴에 많이 드러나면 그릇이 작은 사람입니다. 감정이 얼굴에 고스란히 드러나는 사람들이 있습니다. 저는 이런 사람들에게는 일단 아이를 가르치는 일은 절대 해서는 안 된다고 이야기합니다. 인내가 필요한 '스승'의 그릇이 아니라는 이야기입니다.

말을 할 때 손동작이 크면 자기 주장을 강요하는 사람입니다. 손동작이 크다는 건 속이 빈 이야기를 그렇게 보이고 싶지 않아서 더 강하게 어필하려는 의도로 봅니다. 혹시 이야기할 때 나도 모르게 손이 많이 움직인다고 생각되는 사람들은 "진심은 손을 묶어 놔도 통한다"고 늘 생각하면 됩니다.

다리를 떨거나 걸을 때 흔들리면 좋지 않습니다. 다리 떠는 버릇 있는 사람들이 있지요? 어른들이 다리 떨면 복 나간다고 하는 말씀을 듣고 자랐습니다. 어른들 말은 틀린 게 하나 없습니다. 주요한 자리나 대화 중에 다리를 떤다는 건 불안하다는 의미이고, 한 가지에 깊게 몰두하지 못한다는 의미입니다. 나한테 이야기를 하는데 다리를 떨고 있다면 거짓말이거나 허풍을 떨고 있을 가능성이 큽니다.

이처럼 아무리 작은 행동, 버릇이라도 그 사람의 처세가 담깁니다. 무심결에 하는 말과 행동에 내 진심이 보일 수 있으니 우리는 늘 언행을 조심해야 합니다.

코끝에서 보이는 사람의 성격

코끝을 보기만 해도 그 사람의 성격을 유추할 수 있다는 사실을 들어본 적 있나요? 얼굴의 모든 부위는 그 사람의 인생의 특징과 방향성을 말해주고 있습니다. 그리고 이를 해석하는 것이 바로 관상입니다.

뾰족한 성격을 상징하는 화살코

일명 '화살코'라고 불리는 코끝이 뾰족한 코를 지닌 사람들이 있지요. 뾰족한 코끝을 지닌 사람의 얼굴을 보았을 때 가장 먼저 떠오르는 생각은 다음 세 가지입니다.

첫째, 예민해 보입니다. 이는 뾰족하다는 느낌 때문일 수도 있습니다. 둘째, 편하게 살지 못하고 늘 바쁘게 살 것 같아 보입니다(수고로움). 예민한 사람은 기민할 것 같다는 느낌에서 파생되는 생각이지요. 셋째, 배우자에게 굉장히 가부장(가모장)적인 사람이라 배우자가 답답함을 느낄 수도 있을 것 같습니다. 앞서 두 가지 생각 때문에 이러한 생각까지 도출되는 생각입니다.

코끝이 뾰족한 사람들을 보면 움직임이나 체구가 둔한 사람이 잘 없습니다. 예민한 기질이 있기 때문에 살이 많이 찔 수 없는 것이지요. 코끝이 뾰족한데 콧등에 살까지 없다면 예민함, 수고로움이 더 커집니다. 여기서 수고롭다는 것은 늘 지칠 정도로 바쁘고 활동적인 일상을 살아간다는 의미입니다.

코끝이 뾰족한 남자들을 보면 가정에서는 굉장히 보수적입니다. 모든 면에서 보수적이라는 이야기가 아닙니다. 과장을 섞어 표현하자면 본인은 바람을 피워도 배우자는 여름에 민소매도 못 입게 하는 사람이 코끝이 뾰족한 남자입니다. 그만큼 자기 배우자는 어떻게 보면 조금 강압적인 태도로 억압한다고 볼 수 있습니다. 배우자 입장에서는 굉장히 갇힌 것 같은 느낌이고 답답하겠지요?

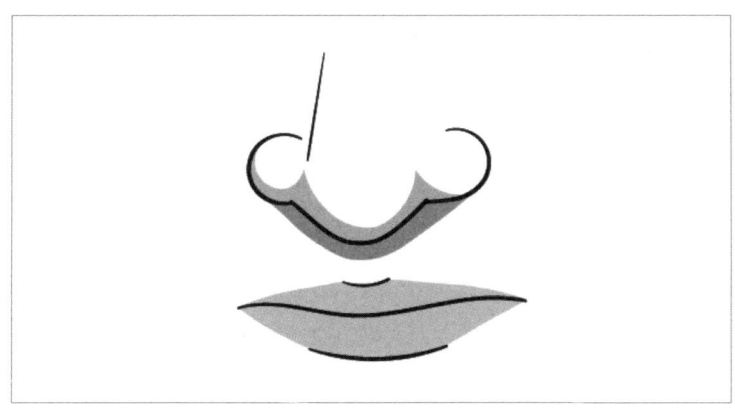

▲ 코 끝이 아래를 향하는 화살코의 모습

그런데 코끝이 뾰족한 코를 지닌 내담자의 결혼 생활 관련한 상담을 하면서 특이하다고 느꼈던 것은 자신의 배우자에게 강압적인 태도를 취하지 않아도 배우자가 답답함을 느낀다는 점입니다. 뾰족한 코끝을 가진 사람의 생각이나 행동 자체만으로도 배우자가 답답하고 통제되는 느낌을 받게 됩니다. 왜 그럴까요?

화살코의 뾰족한 코끝이 어디를 향하고 있나요? 바로 코 아래인 입을 향하고 있습니다. 입은 내 가정, 배우자라 했습니다. 그래서 관상학적으로 이 뾰족한 코끝이 배우자를 극剋한다고 봅니다. 상대 배우자는 아무래도 답답하고 통제받는 느낌을 평생 받게 됩니다.

반대로 코끝이 뾰족한 사람은 배우자가 자신의 생각대로 따라주지 않고 통제되지 않으면 굉장히 스트레스를 받겠지요? 이런 상황이 이어지면 절대 참고 살지 않을 것입니다. 만약 코끝이 뾰족한데 살집이 없기까지 하면 예민하고 자존심이 강한 반면 지구력이 따라주지 않는 사람일 것입니다.

따라서 나의 코끝이 아래를 향하고 있다면 생각과 마음을 타인에게 열어두는 자세가 필요합니다. 반대로 코끝이 위를 향하고 있다면 상황 판단을 할 때 너무 감정적이지 않은지 살펴보아야 합니다.

열정 또는 감정을 나타내는 코

화살코처럼 독특한 코끝을 보이는 코가 여럿 있습니다. 우선 코끝이 갈라지는 코가 있습니다. 코끝이 갈라진 모양을 보이는 코를 엉덩이 코라고 부르기도 하는데 일단 갈라진 코끝을 가졌다는 점은 굉장한 양기태과太過♦로 해석됩니다.

♦ 양기는 혈기왕성하며 활발하고 의욕적이고 적극적인 기운이다. 열정을 떠올려도 좋다. 양기태과라는 것은 이것이 지나치다는 의미다.

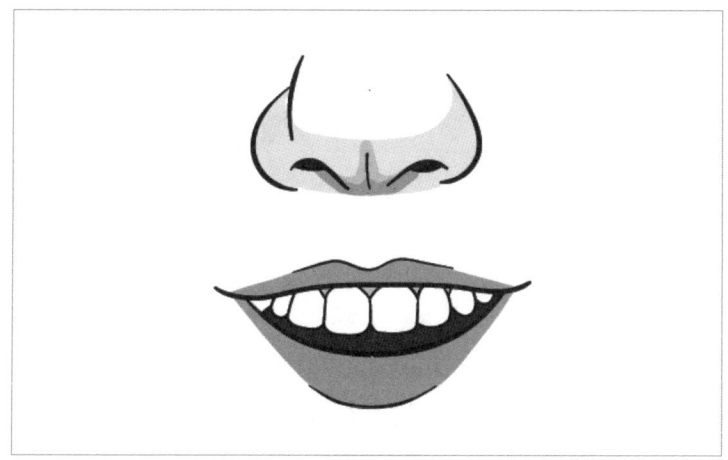

▲ 코끝이 갈라진 엉덩이 코의 모습

엉덩이코를 가진 남자는 열정이 넘치는 사람으로 봅니다. 여자 역시 열정 넘치고 성격이 강하다고 볼 수 있습니다. 엉덩이코를 가진 여자는 보여지는 외모와 달리 가정에서 가모장적인 위치에 서서 남편을 통제하고 살아갈 것으로 이해할 수 있습니다. 정리하자면, 엉덩이코를 가진 사람은 겉모습이 유순해 보인다 해도 속은 강인하고 강경한 사람일 수 있습니다.

또한 엉덩이코를 가졌다면 활동성을 타고났기 때문에 목표하는 분야에서 열정을 가지고 일할 수 있다는 장점이 있으나, 지나치게 독선적이라 배우자를 비롯한 가까운 사람들은 피곤할 수 있습니다. 그러하니 성정을 굴신屈伸할 수 있는 자세도 필

▲ 콧구멍이 훤히 보이는 들창코의 모습

요합니다.

다음으로 코끝이 들린 코, 그래서 콧구멍이 보이는 코, 흔히 들창코라 부르는 코입니다. 이런 코는 생각도 '입'도 개방적이어서 비밀이 없는 사람으로 볼 수 있습니다. 돈만 새는 게 아니라 말도 샌다고 보면 됩니다.

코가 들린 사람에게 비밀을 털어놓으면 다음 날 동네 소문으로 퍼지게 됩니다. 관상서에는 콧구멍이 앞에서 훤히 보이면 생각도 자유분방하고 이성 문제에 있어서 감정이 앞서는 사람이거나 개방적인 마인드를 소유할 수 있다고 해석합니다. 즉 들린코는 '감수성'으로 볼 수도 있어서 예술, 연예 분야에서 활동하는 사람이라면 오히려 코끝이 지나치게 아래로 내려가 있는 것보다는 '열려 있는' 코가 좋습니다.

얼굴을 보고
예민한 사람임을 알아채는 방법

우리가 예민함을 알아채려는 이유

내 주변 사람의 성격이 예민한 편인지 아닌지를 파악하는 게 중요하다고 생각하는 사람이 여럿 있는 것으로 압니다. 우리가 인간관계 속 처세술에 관심이 많은 이유는 직장 내에 여러 사람과 함께 행동하기 때문입니다.

따라서 수직관계가 되거나 협업관계로 일을 해야 하는 상황에서 나와 한 팀이 된 상대가 예민한 성격인지 아닌지를 알고 싶어 합니다. 팀원이 어떤 성격을 지녔는지가 조직 생활에 꽤 중요하기 때문이지요.

한편, 조직 생활보다 더 중요한 것이 바로 가정에서의 생활이지요. 배우자가 예민하다면 그 상대가 느끼는 부담이 꽤 크다는 것은 누구나 다 알 것입니다. 만약 짧은 연애 기간을 거치고 결혼했다면 배우자가 굉장히 예민하다는 걸 모를 수 있습니다. 연애할 당시에는 그 예민함을 굉장히 절제했던 것이지요.

저 역시 예민한 성격을 지녔습니다. 예민하고 강박도 있고 그래서 '남편이 참 힘들지 않을까?'라며 헤아려 보려고 노력하며 살았습니다. '나름' 애썼지만, 타고난 예민함이 잘 고쳐지지는 않습니다.

예민한 사람은 자기보다 더 예민한 사람을 견디지를 못합니다. 정확히 이야기하면 나보다 더 예민한 사람이 나의 예민함을 무시하는 것을 참아내지 못합니다. 이유는 내 예민함을 발산하는 데 굉장한 걸림돌이 되기 때문입니다. 게다가 예민하니 상대의 예민함을 받아들일 포용력 역시 부족합니다.

예민함은 우리 모두가 이해하려 노력하고, 조심하려 하는 성격의 특성입니다. 그래서 예민함을 파악하고 싶어 하는 사람이 많은 것 같습니다.

생김새로 예민함을 판단하는 방법

사실 관상학적으로 생김새만 보아도 예민한 정도를 구분할 수 있습니다. 먼저 피부가 하얀색인지를 보는 것입니다. 피부색을 확인하는 것은 '예민함 구별법'의 가장 기본입니다. 피부가 하야면 하얄수록 예민한 성격을 의심해 보아야 합니다. 피부가 하얀 사람은 감당할 수 없는 예민함을 가지고 있을 수도 있습니다.

보통 부모들이 아기를 낳은 후 나중에 아기가 예민한 성격으로 자랄지 추측해 보는 방법이 바로 피부색을 확인하는 것입니다. 피부가 새하얀 아기가 순한 성격일 경우는 드뭅니다(물론 없는 것은 아닙니다). 피부가 하얀 아기가 순하다 했을 땐 아기가 몸집도 크고 귀가 두툼하고 그렇습니다.

둘째, 귀가 얇은 사람입니다. 피부가 하얗다 하면 일단 예민한 성격을 의심한 후 귀를 확인해 봅니다. 만약 귀까지 얇다면 그 사람의 성격이 예민할 가능성은 더욱 높아집니다. 여기서 귀가 얇다는 의미는 팔랑귀라는 소리가 아니라 우리가 손으로 만졌을 때 귀의 두께를 말합니다.

이렇게 귀의 두께를 만져보면 됩니다. 귓불, 귀 전체적으로 옆으로 보았을 때 두께가 얇습니다. 눈으로 보아도 얇아 보이

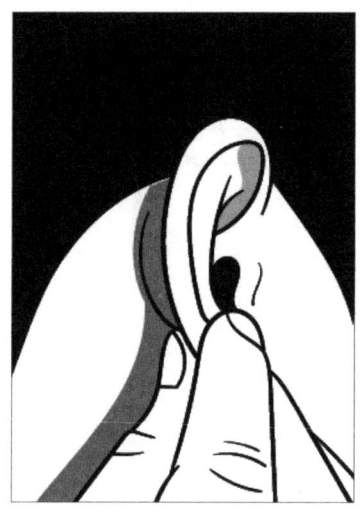

▲ 귀의 두께를 확인하는 방법

고(종잇장처럼) 손으로 만졌을 때 확실히 그 두께가 얇습니다. 귀가 두툼한 사람이 대체로 무던합니다.

셋째, 콧망울이 얇은 사람입니다. 다음 코 그림처럼 코끝(준두)을 바라보고 좌우의 콧망울을 정위延尉와 난대蘭臺로 부릅니다. 정위와 난대를 만져보는 방법은 콧구멍에 검지 손가락을 넣고 바깥 콧망울에 엄지를 올려 콧망울의 두께를 가늠해 보면 됩니다. 참고로 콧볼이 얇으면 재백궁, 즉 재물창고 벽이 얇기도 해서 재물을 지켜내는 힘도 그리 단단하지 못하다는 것을 의미합니다.

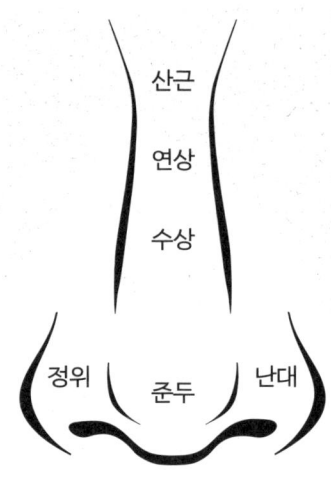

▲ 코의 난대, 정위, 준두 위치

앞서 이야기했듯이 저는 예민한 성격을 지녔습니다. 따라서 저의 예민함은 주변 사람을 극도로 피곤하게 할 때가 있습니다. 아이들에게도 예민함을 물려주게 되어 미안하고, 이런 예민한 배우자의 성격을 받아주고 사는 남편에게도 참 고맙고 미안함을 가지고 있습니다.

예민한 사람은 그 예민함을 무기처럼 쓰는 순간들이 있습니다. "그래 나 예민하다! 어쩔 건데?" "나는 예민해서 어쩔 수 없어." "나도 내가 예민해서 너무 힘들어!" 이렇게 말이지요. 그런데 제가 상담을 하다 보니 예민한 사람의 고통보다 그 예민한 사람을 견뎌야 하는 주변 사람이 더 힘들 수 있다는 사실을 알 았습니다. 한 번쯤 나의 예민함이 뾰족함이 되어 가장 가까운 사람을 찌르고 있진 않은지, 예민한 사람들은 자기반성의 시간 이 필요하다고 생각합니다.

목소리는
내면의 상태다

저는 전화 상담을 많이 하다 보니 내담자들의 목소리에 조금 더 집중하게 됩니다. 목소리 톤이나 말투, 말의 속도에 집중하게 되고, 처음 몇 마디를 나누면서 음성을 듣고 직업을 유추하기도 합니다.

목소리는 관상학적으로 그 사람의 전체적인 마음 상태를 나타내기도 합니다. 그리고 현재 그 사람이 가진 기운을 해석하는 데 목소리를 활용하기도 합니다. 상담을 할 때 내담자의 상을 보고, 목소리까지 들을 수 있으면 사주만 보았을 때보다 해석에 확신을 가지게 됩니다.

여자다움, 남자다움을 정의하는 것은 어렵지만 여자는 여자 목소리를 가져야 하고 남자는 남자 목소리를 가져야 합니다. 만약에 여자가 남자 같은 목소리를 가졌다면 남성성이 강화된 목소리를 지녔기 때문에 다소곳하게 살림만 하는 삶을 살면 고달파질 수 있습니다. 따라서 활동력 있는 삶을 살아가도록 해주는 남자와 결혼하는 게 좋습니다.

반대로 남자가 여자 같은 목소리를 가지게 된다면 여성성이 강화된 목소리기 때문에 소극적이고 감성적일 수 있습니다. 다만 남자가 여자와 같은 목소리를 가졌다면, 여성과 관련된 일(미용업 등)을 하면 크게 성공할 수 있습니다.

목소리가 거칠거나 깨지는 듯한 소리, 쇳소리가 나는 듯한 잡음이 들리는 것은 일반적인 삶을 살아가는 사람들에게는 흉으로 적용될 수 있습니다. 목소리가 너무 어둡고, 말할 때 우물쭈물하는 것은 좋지 않습니다. 목소리가 너무 커도 좋지 않고, 너무 작아도 좋지 않습니다. 큰 목소리는 강압적이고 감정이 실려 있기 마련이고, 작은 목소리는 비밀이 많고 엉큼할 수 있습니다.

무엇이든 지나치면 좋지 않습니다. 말의 속도도 지나치게 빠르거나 혹은 지나치게 느린 것도 좋지 않습니다. 말이 너무 빠른 사람은 그만큼 성격이 급하다는 말이고, 진중함이 결여된 성격입니다. 말이 느리다는 점은 결단력이 없거나 어딘가 엉큼할 수 있는 내면으로 해석할 수 있습니다. 이를 달리 말하자면, 의사전달은 확실하게 하며 살아야 자신의 인생이 순탄하게 풀린다는 이야기입니다.

타고난 목소리 자체를 바꾸는 것은 힘든 일입니다. 그렇다고 목소리 느낌을 바꿀 수 없는 것도 아닙니다. 아나운서들의 목소리와 발음은 노력으로 다듬어진 결과물이지 100% 타고난 것이 아니라는 사실을 많은 사람이 알 것입니다. 그러니 누구든 얼마든지 노력으로 발성이나 발음을 개선해 분명한 어휘 전달을 할 수 있습니다.

되도록 말은 분명하게 정확한 발음으로 해야 하며 말끝을 흐리거나 우물거리는 것도 좋지 않습니다. 목소리는 단전에서 나오는 소리여야 합니다. 우렁찬 목소리는 남녀 모두 사람을 통솔할 수 있는 능력으로 봅니다. 여자가 단단하고 힘센 소리를 낼 수 있다면 어떤 집단에 있든 뛰어난 능력을 발휘할 수 있다고도 봅니다.

좋은 목소리를 노력으로 만들어 내면 얼마든지 좋은 기운을 얻을 수 있습니다. 평소에 좋은 기운을 끌어모으고 싶다면 목소리는 단전에서 내는 연습을 하고, 말을 할 때는 깨끗한 소리로 분명한 발음으로 정확하게 전달하는 것이 좋습니다.

목소리는 내가 만나는 사람들이 나를 판단할 수 있는 또 하나의 상입니다. 좋은 인상을 심어 주는 데 목소리가 큰 역할을 합니다. 면접을 볼 때도 목소리가 차지하는 비중은 생각보다 큽니다. 저 역시 강의가 끝난 후에는 영상을 보며 제 말버릇이나 발음 등을 체크하고 고쳐가는 일을 여전히 하고 있습니다. 나의 운을 바꾸기 위한 노력, 그것이 '개운'의 힘입니다. 평소 목소리나 발음이 자신이 없었다면 시간을 들여 바꾸기 위한 노력해 봅시다. 노력 그 자체로 '개운'은 이루어집니다.

이성에게 인기를 끄는 얼굴이 따로 있을까? 미적인 기준에서는 잘 생기고, 예쁜 얼굴이 이성에게 호감을 주는 얼굴이겠지만 관상학적으로 보자면 결과는 달라진다. 이성의 인기를 끄는 요인이 꼭 인생에 좋은 영향을 준다고 보지 않기 때문이다.

4장

연애운을 끌어오는 얼굴

어떤 눈을 지닌
사람을 만나야 할까?

관상가들이 관상을 보는 데 있어서 눈이 관상 해석의 8할을 차지할 정도로 중요하다고 이야기하는 데는 다 이유가 있습니다. 정확하게 말해서 눈빛이 중요합니다. 눈빛이 중요한 이유는 그 사람의 생각, 감정, 의지, 부모, 육친, 가치관이 눈빛에서 드러나기 때문입니다.

많은 사람이 '눈에서 레이저가 나올 것 같다'라는 표현을 한 번쯤 들어보았을 것입니다. 레이저를 쏘는 것 같은 눈빛을 보면 사람의 강인함을 느낄 수 있습니다. 물론 눈빛이 강렬하지 않고, 약해 보이는 부분이 있다고 해서 그 사람을 무조건 약한 사람으로 정의할 수 없습니다. 그 약한 부분을 스스로가 조절하거나 채울 수 있다면 괜찮기 때문입니다. 즉 눈빛에서의 부족한 점을 코와 입에서 채워줄 수 있다면 일이나 인간관계에서 또 결말(말년)에 큰 영향을 미치지는 않는다는 이야기입니다. 그럼에도 눈과 눈빛으로 그 사람의 의지나 가치관을 알 수 있기에, 좋은 눈과 눈빛을 알아볼 수 있어야 합니다.

눈은 내면을 이해하기 위한 창이다

눈빛을 여러 가지로 묘사할 수 있습니다. 강한 눈빛, 흐릿한 눈빛, 선명한 눈빛 등이 있지요. 이러한 눈빛 중에 정확히 설명하기 어려울 정도로 특이한 눈빛이 있습니다. 바로 몽환적인 눈빛입니다. 몽환적인 눈빛이란 대체 어떤 의미일까요? 조금 직설적으로 표현하자면 '정신을 잃어가는 듯한 눈빛'이라고 부를 수 있을 것 같습니다.

이런 눈빛을 가진 사람은 현실이 아닌 이상을 꿈꾸는 사람처럼 비추어집니다. 그래서인지 다양한 유형의 사람을 연기하고 여러 감정을 표현해 내는 연예인 중에 이런 몽환적인 눈빛을 보이는 사람이 많습니다. 이런 눈빛을 보이는 연예인에게는

▲ 묘한 매력이 있는 몽환적인 눈

주로 '섹시미' '관능미' '몽환적'이라는 수식어가 따라붙기 마련입니다. 어디를 보고 있는지 알 수 없는 초점과 그 묘한 눈빛의 분위기가 하나의 매력 포인트로 다가가는 것이지요.

이러한 매력 포인트에 이끌려 연인으로 발전하는 경우도 여럿 있을 것입니다. 그렇다면 이런 몽환적인 눈빛을 가진 사람을 배우자나 연애 상대로는 어떨까요? 몽환적인 눈빛을 그나마 정확히 표현할 수 있는 사람들을 예시로 설명해 보자면, 저는 몽환적인 눈빛 하면 제가 중학교 때 데뷔했던 가수 '박지윤' 님이 가장 먼저 생각납니다. 요즘 유명세를 치른 배우 중에는 진서연 님이 있습니다. 남자 배우 중에는 대표적으로 손석구 님이 생각납니다. 손석구 님은 사실 몽환적이면서 동시에 강한 광기를 보이는 눈빛을 가진 배우입니다.

 이들 눈에는 공통적인 특징이 있습니다. 바로 '사백안♦'중에서도 모두 '하삼백안下三白眼'이라는 점입니다. 몽환적인 눈빛을 띠는 '하삼백안'을 지닌 사람들은 '불안정'이라는 감정을 보일 수 있다고 봅니다. 그래서 굉장히 감성적일 가능성이 높습니다. 감정적이고, 감정 기복도 심하다 보니 우울증과 같은 정신 질환에 굉장히 취약하다고 볼 수 있습니다.

 하삼백안과 같이 정신적으로 불안정을 알 수 있는 또 하나의 눈의 특징이 좌우 눈동자의 위치가 다른 경우입니다. 보통 '사시'라고 부르는 눈동자인데, 일반인 중에서도 사시까지는 아니지만 좌우 눈동자의 위치를 자세히 보면 위치가 미세하게 다른 사람이 의외로 많습니다. 좌우 눈동자 위치가 다르다는 점도 역시 불안정을 상징합니다. 따라서 정신적으로 불안정 상태일 가능성이 높습니다.

 정리하자면, 몽환적인 눈빛을 가진 이성에게 끌렸다면 그 사람의 감정의 불안정, 즉 연애 대상으로서는 리스크가 될 수 있는 '감정 기복' '불안정함' 등의 부분들을 내가 포용할 만큼 마음이 너그러운 사람인지 스스로 성찰해 보아야 합니다.

♦ 검은 눈동자를 중심으로 위, 아래, 좌우 흰자위가 다 드러난 눈을 뜻한다.

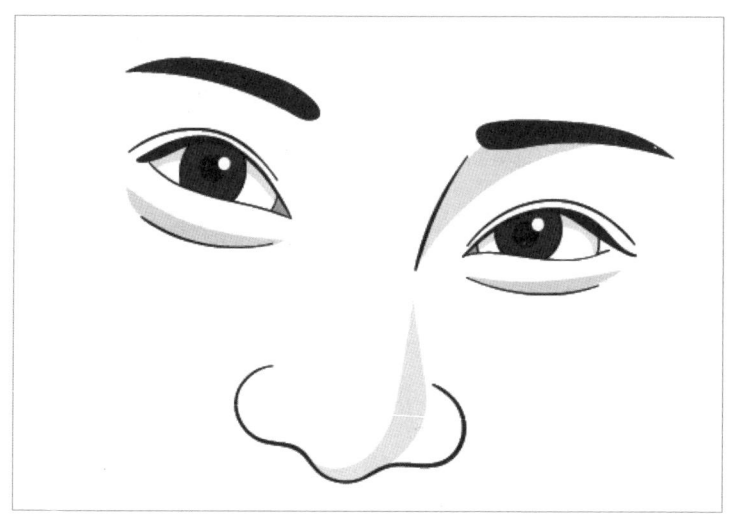

▲ 좌우 눈동자 위치가 다른 눈

 눈은 마음의 창이라는 말이 있지요. 눈빛에는 한 사람의 모든 마음 상태를 담아낸다고 해도 과언이 아닙니다. 눈빛을 보면 선과 악, 맑음과 탁함도 드러납니다. 어떤 사람의 눈빛을 읽어낸다면, 그 사람이 좋은 사람인지 아닌지를 알 수 있다는 이야기입니다.

 과거 가수 이효리 님이 이상순 님과 결혼한 이유에 대해 "본인은 예민하고 촉도 좋고 감정 기복도 심한데 이상순 님은 늘 감정 상태가 중립에 머물러 있고 큰 기복이 없다"라고 이야기하는 장면을 본 적 있습니다. 이를 달리 말하자면, 감정 기복이 어느 정도 있는 이효리 님과 같은 이성에게 매력을 느꼈다면 스스로가 이상순 님과 같은 포용력이 있는 사람이어야 한다는 말입니다. 감정 기복과 같은 불안정 상태를 포용할 수 있는 사람에게 결국 그 이성은 안정감을 느끼고 정착할 수 있기 때문이지요.

누군가 내 눈빛을 보고 나의 마음 상태를 알 수 있다는 의미기에 눈빛은 정말 중요합니다. 어둡고 탁한 마음 상태로 타인을 향한 시기 질투 어린 마음을 안고 살아가는 사람의 눈빛이 절대 맑을 리 없다는 이야기입니다. 눈빛을 바꾸는 힘은 나의 건강한 생각에서 시작됩니다. 생각을 바꾸지 않는다면 마음의 안정을 이루어 낼 수 없고 안정된 눈빛을 가질 수 없다는 이야기입니다.

눈가의 주름에도
도화가 있다

여자들이 많이 하는 1위 시술 부위가 아마도 눈가의 주름이 아닐까 싶습니다. 눈웃음이 매력적인 가수 이효리 님도 한 살, 두 살 나이를 먹다 보니 눈가 주름이 고민되어서 보톡스 시술을 받은 경험을 이야기했지요.

저는 눈가의 주름하면 아름다운 이효리 님도 생각나지만 배우 안성기 님이 제일 먼저 떠오릅니다. 안성기 님의 눈가의 주름을 유심히 본 적 있나요? 어떤 사람은 눈가의 주름이 '나이'만큼 늘어나 고민이라고 하지만 배우 안성기 님이나 이효리 님 같은 눈가의 주름에는 매력적인 '도화'가 담겨 있습니다.

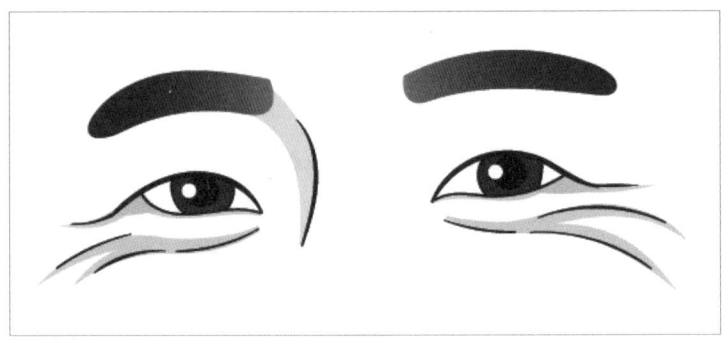

▲ 도화 주름이 있는 눈

그래서 저는 이효리 님이 조금 더 나이가 들고 지금 그 눈가의 주름이 더 깊어지면 지금보다 더 깊이 있고 매력적인 미모가 될 거라 생각합니다. 꼭 주름 없이 팽팽한 피부에서만 아름다움을 느낄 수 있는 건 아니라는 뜻이지요.

그리고 체도 마찬가지입니다. S 라인이라 표현하는 여자의 굴곡 있는 몸매가 이성의 시선을 끌거나 남자의 근육질 몸매가 이성에게 매력이 된다고 생각하지요? 그러나 의외로 살집이 있는 푸근한 몸매에 도화가 담겨 있기도 합니다. 그래서 S 라인이나 근육질 몸매보다는 살집이 있는 이성의 몸매를 더 좋아하는 사람도 있습니다. 푸근하고 안정적으로 느껴지는 그 모습 자체가 '매력'이 되는 것입니다.

도화라 하면 무조건 섹시하거나 자극적인 매력이라고 생각하지만, 도화가 꼭 그런 느낌만 있는 것은 아닙니다. 사람의 시선을 끄는 힘은 성실함, 편안함, 강인함에서도 얼마든지 나올 수 있으니 말입니다. 신뢰가 느껴지는 인상이 주는 매력도 있고, 큰 며느릿감처럼 보이는 강단 있는 모습이 관능미가 있는 사람보다 더 사람을 끌어당길 수도 있는 것입니다.

이러한 도화의 느낌이 눈가의 주름에서도 나타납니다. 대표적으로 눈가에 도화 주름을 가지고 있는 연예인은 이효리 님, 안성기 님, 윤상현 님, 정우성 님입니다. 이런 도화 주름이 있는 사람이 없는 사람보다 훨씬 매력적으로 보이기 때문에 눈가의 주름이라고 해서 무조건 세월의 흔적이라 생각하고 지우려고만 하면 좋지 않습니다.

오히려 나이가 들어서 누구나 생기는 삶의 흔적이 매력이 된다는 건 또 다른 행운인 것 같습니다. 이런 도화 주름은 일부러 만들려고 해도 만들 수 없습니다. 무엇보다 젊은 사람이 절대로 따라올 수 없는, 삶의 연륜이라는 필수 조건이 붙는 도화이기 때문에 더 가치 있는 것 같습니다.

길고 짙은 아름다운
속눈썹의 비밀

 남자라면 3인조 힙합 그룹 DJ DOC의 〈그녀의 속눈썹은 길다〉를 들으며 긴 속눈썹을 지닌 눈으로 느리게 깜박거리는 첫사랑의 여인을 떠올려 본 적 있을 것입니다.
 여자는 속눈썹이 길고 풍성하면 미적으로도 굉장히 예뻐 보인다는 사실을 알고 있습니다. 눈썹 뷰러는 기본이고, 마스카라로 화장을 하면서까지 눈에 힘을 주어도 성에 차지 않아 인조 눈썹을 붙이거나 속눈썹 연장 시술까지 진행합니다. 이렇게 속눈썹에 들이는 노력들을 나열하고 보니 여성들은 길고 풍성한 속눈썹을 만들기 위해 부단히 애쓰는 것 같습니다.

관상 이야기를 할 때 매번 언급하는 내용이지만, 예뻐 보이는 게 관상학적으로 좋은 의미가 아닙니다. 미적 관점에서는 아름다움을 선사하는 외모일지라도, 관상학적인 관점에서는 복을 논해야 하기 때문에 아름다움을 꼭 복과 연결 짓는 것은 아니라는 뜻입니다.

한 예시로, 속눈썹이 길다는 것을 관상학적인 관점에서는 '감성感性'으로 봅니다. 그러니까 속눈썹이 길면 길수록 감성적인 사람으로 해석할 수 있다는 의미입니다.

감성이 넘친다는 말은 좋은 뜻으로만 해석될까요? 감성이 지나치면 이성적인 판단이 어려울 수 있습니다. 그래서 일반인의 얼굴에 감성이 지나치다라는 말이 마냥 좋은 의미가 아닙니다. 사주도 관상도 뭐든 지나치면 좋지 않다고 봅니다. 조후가 맞아야 한다는 말입니다. 감정에 휩쓸려 중요한 일들에 판단이 흐려질 수 있다는 뜻이지요.

속눈썹 형태 중 속눈썹이 아래로 뻗친 유형이 있습니다. 속눈썹을 뷰러로 집어도 잘 올라가지 않고 마스카라를 해도 시간이 지나면 아래로 처지는 일명 '뻗친 속눈썹'입니다. 관상에서 속눈썹이 아래로 뻗친 형태는 강한 완악이자 살기로 봅니다.

아이라인을 그리지 않아도 그린 것처럼 보일 정도로 숱이 많은 속눈썹은 어떨까요? 이것 역시 완악입니다. 짙은 속눈썹

▲ 감성에 해당하는 긴 속눈썹

을 가진 사람을 보고 아름답다고만 생각하면 안 됩니다. 이런 사람들이 가진 내면의 욕망이 속눈썹만큼 질 수 있습니다.

속눈썹을 인위적으로 길고 풍성하게 만들면 아름다워 보일 수는 있지만 아름다움 자체가 감성에 해당하며, 또 팔법을 기준으로 보았을 때 속탁과 완악이 섞여 있는 상으로 볼 수 있지요. 도화가 사회활동의 능력이 되는 요즘 세상에서는 필요한 요소이기는 하지만 지나치게 길거나 풍성한 느낌은 무조건 긍정적이지 않다는 것을 알아야 합니다.

그렇다면 어떤 자리에 참석할 때 격이 높은 청수지상, 위맹지상, 후중지상에 가까운 메이크업을 해야 할까요? 정말 중요한 자리에 해당하는 회사 면접이나 상견례 등과 같은 중요한 자리에 그러한 메이크업을 하고 가면 됩니다. 이런 자리에는 지나치게 길고 두툼한 속눈썹을 붙이지는 않는 게 좋습니다.

저도 굉장히 긴 속눈썹을 가지고 있습니다. 그리고 예민한 기질이 조금 있으며 감성적인 사람이지요. 지금이야 나이가 들고 겪은 세월만큼 단단한 사람으로 거듭났지만, 젊은 시절에는 그때그때 생겨나는 감정에 참 많이 휘둘렸습니다. 지금은 속눈썹 화장을 거의 하지 않는 것 같습니다. 이성적이고 냉철한 사람으로 보이고 싶은 여자라면 속눈썹을 강조하는 화장법은 피하는 게 좋습니다.

혼자 살아가는 사람의 얼굴에는 '이것'이 많다

제가 혼자 사는 사람들의 얼굴에 대해 관찰하고 공부했던 이유가 있습니다. 사주 상담을 하면서 미혼남녀들에게 받는 여러 질문에 조금 더 확실하게 대답해 주고 싶은 마음에서 혼자 사는 사람의 관상을 보기 시작했습니다.

사실 사주에 여자에게는 남자, 남편인 관성官星, 남자에게는 여자, 처인 재성財星이 있어도 혼자 사는 사람을 적지 않게 만나게 됩니다. 즉 사주만으로 그 사람의 삶을 확실하게 해석하기 애매한 부분을 관상을 보는 것으로 대답해 드리기 위한 것이지요.

일단 사주에서는 배우자를 보는 글자가 여자에게는 관성과

식상食傷, 남자는 재성과 관성인데요. 왜 식상과 관성까지 보는 이유는 팔자에 자식이 없으면 배우자를 상징하는 글자가 있어도 오히려 결혼을 안 하고 혼자 사는 사람들이 있기 때문입니다. 그래서 결혼 여부를 사주로 풀어내려면 이 두 가지를 같이 보아야 합니다.

그다음에 조후도 중요하게 살펴보아야 합니다. 조후가 치우쳤을 때는 배우자나 자식을 상징하는 글자보다는 조후를 맞추어 줄 수 있는 운이 왔을 때 결혼이 성사되기 때문입니다.

사주에서는 이런 방법으로 배우자, 결혼을 유추할 수 있습니다. 그렇다면 관상은 무엇을 볼까요?

혼자 살아가는 사람의 얼굴 속 차가움

관상서에서는 자신이 혼자 살아갈 운명인지 알고 싶다면 처첩궁을 보라고 이야기합니다. 과연 처첩궁이 어디일까요? 처첩궁은 눈꼬리, 어미라고 불리는 곳을 지칭합니다.

관상서에는 처첩궁에 살이 도톰하게 있어야 하고, 밝은색을 보여야 한다고 이야기합니다. 그리고 흉이나 점이 없이 깨끗한 처첩궁이 좋다고 합니다. 그러나 이것만 보아서는 상대방과 결

▲ 처첩궁 자리

혼을 할 수 있을지, 없을지를 가늠하기 어려운 게 당연합니다.

보편적으로 확인할 수 있는 요소가 있습니다. 결혼이 많이 늦거나 결혼을 하지 않고 살아가는 사람들의 얼굴에는 공통적으로 많이 볼 수 있는 것이 있습니다. 바로 고한입니다.

한기라는 단어 자체가 고독을 상징합니다. 얼굴에 한기가 많으면 결혼이 늦거나 하지 않고 혼자 살게 된다는 의미이지요. 실제로 "제가 결혼할 수 있을까요?"라고 묻는 40~50대까지 미혼인 내담자들의 얼굴에 한기가 강하게 드러나는 경우가 많았습니다.

한편, TV 프로그램에서 쉽게 확인할 수 있는 고한이 있습니다. 바로 <나는 자연인이다> 프로그램에 출연하는 자연인들입니다. 그들을 보면 얼굴에 고한이 짙게 깔려 있습니다.

하지만 그들은 나름의 사연이 있기에 자발적으로 고한을 선택한 사람들이지요. 고한을 선택하게 된 과정이 어찌되었든, 현재 고립된 생활에 만족하며 살아갑니다. 이렇게 속세에 동떨어진 생활을 하며 강한 고한이 형성된 얼굴을 보면 오히려 안정감을 느낄 수 있습니다. 우리 사회에 만연히 있는 타인과의 비교나 경쟁을 겪지 않기에 얼굴에 안정감이 녹아 있는 것이지요.

즉 얼굴에서 볼 수 있는 차가운 한기와 고한은 혼자 사는 사람들이나 외로운 사람들에게 많습니다. 결혼을 하지 못해서가 아니라 배우자나 인연을 처음부터 만나기가 힘들거나, 만약 인연을 만나도 그 상대가 곁에 오래 머물지 못하고 떠날 때 얼굴에 고한이 질다는 의미입니다.

우리가 흔히 사람에게서 느끼게 되는 '한'은 어떤 느낌을 주나요? 차갑고, 냉랭한 느낌입니다. '저 사람 참 인정머리 없다.' '사람이 차갑다.' 이렇게 말하는 사람의 느낌, 그게 바로 한기입니다. 사람이 차가우면 사랑하는 감정이 달아오를 수 있을까요? 차가운 기운이 강한 사람한테 이성이 쉽게 다가올 수 있을까요? 그래서 고독함이 강한 고한의 경우 연애로 이어지는 만남도 빈번하고, 결혼으로 이어지기도 하지만 한기가 강한 고한 같은 경우에는 사람을 만나는 횟수도 적어 나이가 들어서는 혼자 외롭게 살 것이라고 봅니다.

만약 얼굴에서 강한 한기가 느껴지는데 살기까지 더해지면 어떨까요? 그 사람의 말이나 행동 그 어떠한 것도 무섭게 느껴질 것입니다. '살벌하다'라는 생각이 들겠지요. 이런 얼굴이라면 배우자뿐 아니라 육친과의 인연 역시 박할 수 있습니다.

한기가 많은 미혼의 내담자들이 결혼을 하고 싶다고 상담하러 오면 제가 제시하는 개운법이 있습니다. 바로 짙게 깔려 있는 살기나 한기를 걷어내는 일입니다. 추운 겨울이 내뿜는 한기는 따뜻한 봄이 와야 그 한기가 물러간다고 생각합니다.

얼굴에 한기가 강한 사람들에게는 누군가에게 마음을 나누는 일을 할 것을 권합니다. 형편이 어려운 사람을 돕는 기부나 봉사활동도 좋습니다. 꼭 사람을 돕는 일이 아니어도 됩니다. 유기견 봉사나 유기견을 입양해서 마음을 주며 따뜻하게 잘 키우는 일도 좋습니다. 식물을 잘 키워보라고 이야기하기도 합니다.

신기하게도 식물은 따뜻한 마음을 주는 사람 곁에서 잘 자랍니다. 식물을 잘 죽이는 사람들을 보면 살기가 강한 경우가 많습니다. 살기는 살아 있는 모든 생명에게 좋지 않은 기운이란 뜻이겠지요. 식물도 동물도 너무 추우면 제대로 살지 못합니다. 그래서 이 생명들이 잘 클 수 있도록 따뜻한 기운을 겉으로 드러내며 살아가라는 의미이자 개운법이기도 합니다.

따뜻한 기운을 가진 사람에게 많은 사람이 모입니다. 따뜻한 기운을 갖기 위해서는 베풀고 아우르는 진짜 따뜻한 마음이 담긴 행동이 필요하다고 생각합니다.

보조개가 품은
불편한 진실

 모든 성형이 그렇듯 한 때 보조개 성형이 유행처럼 번진 시절이 있었습니다. TV에 나온 연예인들의 얼굴에 예쁜 보조개가 꼭 있었기 때문이지요.
 당시에 저는 이 보조개를 성형을 통해서 인위로 만들 수 있다는 사실과 실제로 이 수술을 받는 여성들이 있다는 사실에 놀라고 말았습니다. 현대 성형 의학의 수준에 감탄했던 순간이기도 합니다.
 많은 인기를 얻은 '보조개'에 대한 사실을 알고 난 지금은 내담자가 보조개의 '보' 만 입 밖에 꺼내도 성형으로 만들어 낼 생각은 하지 말라고 이야기합니다. 보조개가 있는 얼굴을 보면 남녀 상관없이 어떤 느낌이 드나요? '귀엽다' '매력 있다' '순수해 보인다' 등의 느낌을 줍니다. 그 이유는 웃는 순간 드러나는 그 보조개 하나가 그 사람의 웃는 모습을 굉장히 귀엽고 화사하게 만들어 주기 때문입니다. 그래서 보는 이에게 '웃는 모습이 아름다운' '웃는 모습이 귀여운' 사람으로 느끼도록 합니다. 이것은 도화에 해당할 수 있습니다.

연예인들 중에 유독 보조개가 눈에 띄는 분이 많지요. 웃을 때 도화가 만개하는 아름다운 외모는 연예인이라는 직업에 어울리는 외모입니다. 보조개만큼 강렬하게 도화 작용을 하는 '무언가'도 없을 것입니다.

남녀 불문하고 웃을 때 확 피어나는 보조개는 보는 이의 가슴을 녹이고 설레게 만듭니다. 이렇게 보조개가 만개하는 그때가 아마 도화가 가장 극대화되는 순간일 수 있습니다. 이러한 보조개는 인기를 얻고 이성이나 대중에게 어필하는 데는 긍정적인 작용을 하나 배우자, 결혼에 있어서는 길한 작용을 한다고 보지 않습니다.

보조개를 가진 연예인들을 보면 만인의 사랑을 받으며 미혼으로 살아가거나, 결혼이 많이 늦어지는 경우가 많습니다. 보조개가 일종의 흉터처럼 작용하는 것이지요. 얼굴은 흉터나 잡

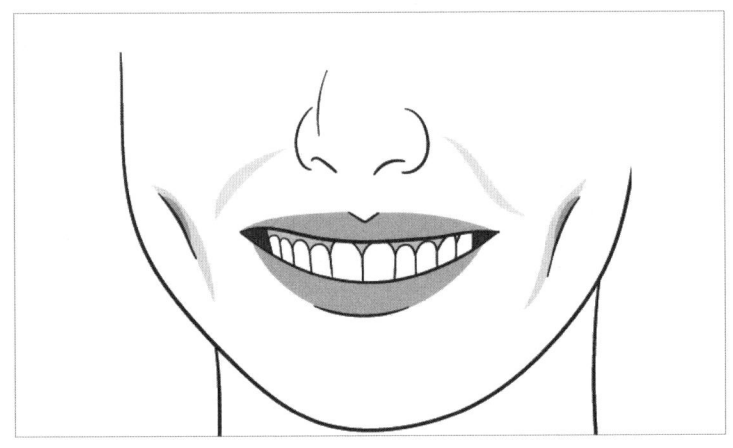

▲ 강렬한 도화를 보이는 보조개

티 없이 깨끗한 것이 가장 좋다고 생각하면 됩니다.

그리고 보조개는 이성, 결혼운을 포함한 시비구설입니다. 보조개의 위치에 따른 해석의 차이는 있지만 어쨌든 보조개는 '시비구설'을 가지고 옵니다. 보조개가 이마나 턱에 있을 수도 있지요. 흉터 비슷하게 푹 들어가는 부분이 이마나 턱이 될 수도 있는데 이러한 경우 이마는 부모의 문제, 턱은 배우자나 자식의 문제로 보게 됩니다.

보조개는 매력적인 도화를 의미하지만 그 묘한 매력이 주는 장점만큼 따라오는 흉도 있다고 생각하면 됩니다. 저는 평범하게 풍파 없는 인생을 살고 싶어 하는 사람에게는 일부러 보조개를 넣는 시술은 안 하는 게 낫다고 말씀드립니다. 보통의 평범한 인생을 살아가는 사람에게는 도화가 지나치면 오히려 인생에 이런저런 일을 겪으며 무탈하게 살지 못한다고 생각하면 됩니다. 보조개, 아무리 예뻐도 인위로 만드는 것은 신중해야 합니다.

흔히 돈을 부르는 코가 따로 있다고 이야기한다. 물론 코가 재백궁이므로 부를 논할 때 빼놓을 수 없는 곳이기는 하지만, 코만 보아서는 안 된다. 결국 부를 창출하고, 창출한 부를 유지하는 힘은 얼굴 전체인 눈, 코, 입, 하관이 조화를 이루고 있는지에 따라 달라지기 때문이다.

5장

재물에 가까워질 수 있는 얼굴

재백궁인 코는
어떻게 생겨야 좋을까?

많은 사람이 외모를 평가할 때 코에 많은 중요도를 부여합니다. 코의 높이는 사람의 인상을 바꾸는 결정적인 요소이기에 수술로 높이는 사람도 많습니다. 그러다 보니 코에 얽힌 이야기가 너무나 많습니다.

특히 코의 크기와 높이를 주제로 여러 이야기가 있는데, 모든 이야기가 맞는 것은 아닙니다. 당연히 맞는 이야기도 있고 틀린 이야기도 있지요. 모든 이야기의 시시비비를 따지기에는 너무 많은 분량을 할애할 듯하니 우리에게 많은 사랑과 관심을 받는 재물에 얽힌 이야기만 다루어 보겠습니다.

코는 크고 높아야 재물을 불러들일까?

코는 특히 재물과 연관해 해석하는 사람이 많습니다. '내 코가 재물을 불러들일 코일까?'를 알고 싶다면, 먼저 자신의 코가 재물이 새어 나가는 코인지를 확인하는 게 중요하다고 생각합니다.

흔히 사람들은 재물을 부르는 코에는 관심을 두지만, 재물이 새어 나가는 코에는 관심을 두지 않습니다. 그래서 연예인들의 코 성형 전후 모습을 보면 안타까울 때가 많습니다. 왜냐하면 코를 잘못 성형해서 운기가 꺾이는 연예인들을 심심찮게 볼 수 있었기 때문입니다.

코에서 재물 창고에 해당하는 부분은 난대, 정위가 있는 콧망울입니다. 콧망울이 동글동글하고 살집이 도톰하면서 튼튼하면 재물 창고가 그만큼 크고 튼튼하다고 해석할 수 있습니다.

그런데 이 중요한 콧망울을 작게 만드는 수술을 받는 사람들을 보면 안타까울 따름입니다. 콧망울이 도톰한 코가 미의 기준에서는 좋은 축에 속하지 않지요. 작고 뾰족한 코가 미관상 예뻐 보이기 때문에 많은 여자가 이러한 형태의 코를 만들기 위한 수술을 하는 것 같습니다.

관상학적 관점으로 보았을 때 콧망울을 줄인다는 건 자신의 재물 창고를 반으로 줄이는 시공을 하는 것이라고 생각하면 됩니다. 따라서 코를 성형할 때 정말 잘 생각하는 게 좋습니다. 코가 높고, 콧망울이 봉긋하고, 단단한 모양새를 보이면 재백궁이 크고 단단하다는 뜻이니 재물복이 있다고 이야기하기 때문입니다.

여기서 코의 높이는 나의 이상을 의미합니다. 우리가 '콧대가 높다'라는 말을 쓰는데 이는 그저 던지는 말이 아닙니다. 코가 높은 사람들은 높은 이상을 바라보고 있으며, 높은 곳을 향해 나아가는 사람일 수 있습니다. 따라서 코가 높은 사람은 만나고 싶어 하는 이성의 기준도 자연스럽게 높겠지요.

그러면 무조건 코가 높아야 좋을까요? 재물이나 배우자를 바라보는 눈높이는 높은데 그걸 지킬 수 있는 힘이 약하다면 높은 코가 무의미할 수 있습니다. 다시 말해, 높은 코를 가졌다면 그 코가 얼굴에 잘 어우러져야 한다는 것입니다.

높은 코가 전혀 어울리지 않는 얼굴인데 코만 높으면 오히려 흉합니다. 눈이 작고 하관도 약한데, 코만 높고 크다면 자신의 분을 모르고 크고 멋진 것만 쫓다가 흉사를 겪을 가능성이 있다는 것으로 볼 수 있습니다.

인생은 자신의 분을 아는 것이 정말 중요합니다. 코의 높이가 적당하다면 그것을 아는 사람입니다. 좋은 코는 높이나 콧망울의 크기 정도가 자신의 얼굴과 조화로운 코라는 것입니다.

　코의 크기가 크지 않지만 자신의 얼굴과 어울리면서 아주 좋은 코를 가진 연예인으로 저는 늘 가수 아이유 님을 꼽습니다. 아이유 님은 코가 높지 않습니다. 콧망울도 크지 않지요. 하지만 아이유 님의 코는 작은 얼굴과 오밀조밀한 이목구비 전체와 조화를 이루며 아이유 님에게 참으로 잘 어울리는 코입니다.

　돈이 새는 코인지도 살펴보는 방법이 있습니다. 코가 들려 콧구멍이 보이거나 난대와 정위의 콧망울의 두께가 얇으면 재물창고의 벽이 얇은 것이기 때문에 돈이 새어 나가는 코로 볼 수 있습니다.

　좋은 재백궁, 좋은 코는 무조건 크고 높아야 좋은 코가 아니며 내 얼굴에 어울리면서 돈이 새지 안아야 좋은 코입니다. 코가 들렸거나 재백궁이 부실하다면 어떻게 해야 할까요? 스스로 돈이 잘 새지 않게 가계부 관리나 저축 습관을 만들어 두는 것이 좋겠습니다. 결국 부자가 된다는 것은, 많이 버는 것보다 많은 돈을 오랜 시간 지키는 힘이 중요하다는 이야기입니다.

흐름을 간파하는 눈빛을 가졌다면
과욕을 부리지 말라

요즘 사람들이 많은 관심을 보이는 주제가 '부를 이룰 수 있는 가장 효율적인 방법'이 아닐까 싶습니다. 유튜브에 올라오는 많은 영상 중에서 '부를 이루는 방법'을 자신의 경험을 토대로 열변을 토해내는 사람들이 인기를 얻는 시대가 되었지요. 이처럼 '부'는 지금 시대를 이끌어가는 트렌드라고 볼 수 있습니다.

그리고 이러한 흐름을 빠르게 파악하고, 콘텐츠로 만들어 대중에게 유용한 정보를 알려주는 사람들이 있습니다. 바로 '경제'를 주제로 영상을 제작하는 유튜버들입니다.

시대의 흐름을 파악하는 눈

과거에는 '돈' '재물'에 대한 관심을 적나라하게 드러내는 것을 굉장히 경망스러운 행동으로 보는 사회였습니다. 그러나 시대가 변하며 이제는 돈에 대한 관심을 보이지 않는 사람은 시대에 뒤처진 사람이라고 봅니다. 그러니 '재물'에 대한 이야기를 하는 경제 유튜버들이 인기를 끌지 않을 수 없지요. 돈, 재테크에 관한 자신의 생각이나 방법을 전하는 경제 유튜버들에게는 몇 가지 공통점이 있습니다.

5가지 공통점으로 정리할 수 있습니다. 첫째, 재물, 돈, 투자 즉 부에 관한 정보를 빠르게 찾아내 제공합니다. 둘째, 실제로 이런저런 아주 다양한 형태로 본인이 여러 가지를 시도한 경험이 있습니다. 셋째, 한 가지 분야를 오랜 시간 공부하거나 연구해야 하는 사업 스타일이 아니라 유행, 흐름, 트랜드를 빠르게 읽고 그때그때 바로바로 궤도를 변경해 나가며 변화가 잦은 스타일로 돈을 벌고 있지요. 정통 재벌의 관상과는 맥이 다릅니다. 현대사회에 등장한 변형된 졸부猝富에 가깝다고 볼 수 있습니다. 넷째, 기본적으로 타고난 촉, 눈치, 센스가 좋고, 재물과 관련된 흐름을 읽는 능력이 탁월합니다. 다섯째, 자신의 경험을 통해 '방법을 사실로 만들고' 그것을 '확신'하며 대중에게 전하려고 하지요.

이러한 공통점을 가진 경제 유튜버들은 특별한 눈을 가지고 있습니다. 실제로 얼굴의 나머지 부분을 다 가린 채 눈만 보고 있으면 어쩐지 무서운 느낌이 듭니다. 무서운 느낌이 드는 이유가 무엇일까요? 짙은 눈매와 촘촘하면서 곧게 뻗은 속눈썹, 강렬한 눈빛, 하삼백안에 가까운 눈동자의 형태, 무엇보다 이 눈빛에는 부를 이루기 위한 욕망이 타오르기 때문입니다.

이런 눈을 가진 사람은 쉴 새 없이 머리를 굴리고 변화하는 흐름(트랜드)을 읽어가며 타이밍을 잘 맞추어 '사업'을 운영해 나가는 데 최적화되어 있습니다. 이런 '눈'을 가진 사람들은 한 가지 일을 수십 년 묵묵히 해 나가거나 대를 이어 사업을 이어가는 정통 재벌과는 돈을 버는 방식이 조금 다르지요.

꿈을 쫓는 눈은 탐욕에 눈길을 돌리면 안 된다

흐름을 읽는 눈을 지닌 사람들은 큰돈을 번 만큼 누구보다도 '돈' '목표'에 대한 욕망이 있는 사람들입니다. 그래서 인생의 목표 자체를 '부를 이루는 것'으로 두기도 합니다.

팔법에 따르면 이러한 욕망은 완악지상에 해당합니다. 완악은 살기에 해당하기도 해서 완급 조절이 중요합니다. 이것이 핵심입니다. 이런 사람의 눈에는 완악이 정도의 경계선에서 아슬아슬하게 넘칠 듯 말 듯 가득 차 있습니다.

따라서 경제 유튜버처럼 부를 이루는 것에 관심이 많은 사람들은 이런 무섭고도 강한 눈에 담긴 완악, 살기가 눈은 물론이고 얼굴의 다른 부위 코, 입, 하관에서 넘치지 않고 잘 담기는지를 보아야 합니다. 그래서 이런 눈을 가진 자라면, 큰 성공을 이룰 수 있지만 반대로 살기가 경계선을 넘어 넘치면 모든 것을 잃을 수도 있다는 사실을 기억해야 합니다.

만약 살기가 넘치면 어떻게 될까요? 돈에 대한 욕망이 지나쳐 화를 부르게 됩니다. 살기가 넘치면 왜 화를 부르게 될까요? 살기라는 기운 자체는 누군가를 희생시키기 때문입니다. 살기가 넘치게 되면 다음과 같은 결과로 이어질 수 있습니다.

첫째, 이 넘친 살기가 '본인' 스스로 희생하게끔 만듭니다. 여기서 희생이란, 큰 질병이 갑자기 오거나 극단적으로 표현하면 명命을 달리한다는 의미입니다.

둘째, 살기는 주변 사람인 나의 가족, 나의 동료, 친구들을 희생시킵니다. 살기가 넘치는 사람의 인생사生史를 들여다보면 가족이나 지인들이 갑자기 큰 사고를 당하거나 병을 얻어 돌아가시게 됩니다. 이 살기가 넘친 사람은 홀로 남겨져 외로

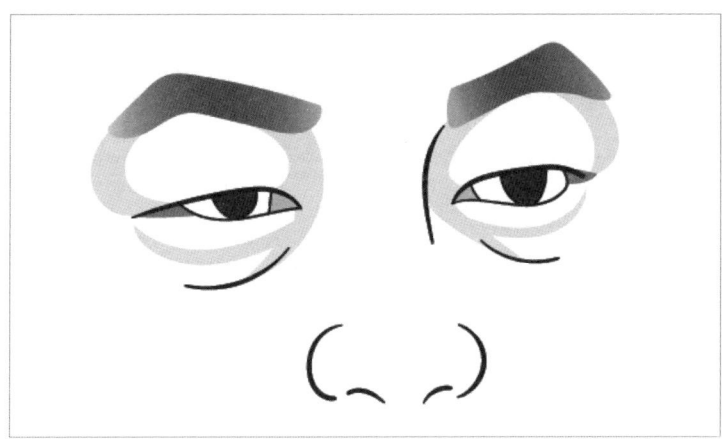

▲ 저승사자의 눈

운 인생을 살게 되지요. 욕망이 적당한 선을 넘지 않아야 하는 이유이기도 합니다.

눈에 담긴 완악, 살기가 넘치지 않고 잘 갈무리가 되어 있어야 목표를 이루는 데 긍정적일 수 있습니다. 지나치면 사업을 하다 어떤 큰일이나 시비구설에 얽혀 절벽 밑으로 떨어지게 되어 재기가 힘들 수 있습니다. 그래서 이런 눈은 자칫 살기가 선을 넘어버리면 사람 자체로 '위험한 사람'이 될 수 있습니다.

선을 넘는지 또는 넘지 않는지에 따라 스스로가 탐욕으로 부른 화를 입는 사람이 되거나, 부를 크게 이루는 부자가 될 수도 있는 것입니다. 달리 말하자면, 이 빠른 두뇌 회전을 정정당

당하게 쓰느냐에 따라 인생이 극단으로 갈릴 수도 있다는 이야기입니다. 눈에 담긴 강렬한 살기가 넘치면 자신의 욕망을 이루기 위해서라면 타인을 해(害)하는 수단과 방법을 가리지 않는 사람이 될 수도 있습니다.

    욕심이 없는 사람이 무언가를 이룰 수 있을까요? '되고 싶다.' '갖고 싶다.' '이루고 싶다'라는 욕심이 있기 때문에 피나는 노력을 할 수 있는 것입니다. 그래서 '욕심' '무언가 이루고픈 마음'에는 반드시 '타인을 희생시키지 않는 스스로의 노력'이 필요합니다. 노력이나 의지도 없이 '욕심'만으로 무언가를 쉽게 쟁취하려는 사람은 그것을 이루기 위해 힘들게 노력하는 게 아니라 욕심에 눈이 멀어 더 빠른 방법을 찾기 위해 타인을 해하고 밟고 일어섭니다. 혹은 타인을 나의 꾀에 빠뜨리기도 합니다.

    이런 욕망은 헛된 꿈에 불과합니다. 누군가를 속이고 희생시켜 부를 쌓게 되면 모든 재산을 잃고 무너지게 됩니다. 내 재물이 아님에도 내가 그것을 가졌다면, 반드시 많은 것을 잃게 되는 순간이 옵니다.

    욕망이 '넘친다'는 것은 내가 가진 그릇, 그 이상을 채우고 싶다는 마음입니다. 분에 넘치는 욕심이라는 뜻이지요. 욕심이 넘치면 인생에 있어서 꼭 놓치지 말아야 할 것을 보지 못하는 실수를 범하게 됩니다. 어떤 큰 실수를 저질러 가지고 있던 많은 것을 잃을 수도 있습니다.

결국 목표를 향한 나의 의지가 강하다면 그것을 잘 다스리냐 그렇지 못하느냐에 따라 삶은 전혀 다른 방향으로 흘러갈 수 있다는 것을 깨달아야 합니다. 긍정적인 방향으로 노력할 때 내가 품은 '야망' '목표' '성공'을 이룰 수 있습니다.

턱은 만년의
저장 창고다

    턱은 입과 함께 '저장' 또는 '지키는' 능력을 보는 곳입니다. 여기서 지키는 것은 재물을 의미하지요. 그리고 위치상 얼굴의 가장 아래 부분에 해당하기에 말년의 운을 봅니다.

    말년은 어렸을 때부터 지금까지 내 것을 얼마나 이루었는지에 따라 결과가 나타나는 시기입니다. 그래서 말년 재물의 상징인 부동산 형태의 재산을 관리하는 사람들의 관상을 볼 때는 턱이나 하관을 많이 봅니다. 턱이 크면 저장 능력과 지키는 힘이 좋다고 해석할 수 있기 때문이지요. 반면에 좁고 가는 턱은 일단 예민함으로 볼 수 있습니다. 대인관계에 조금 서툴 가능

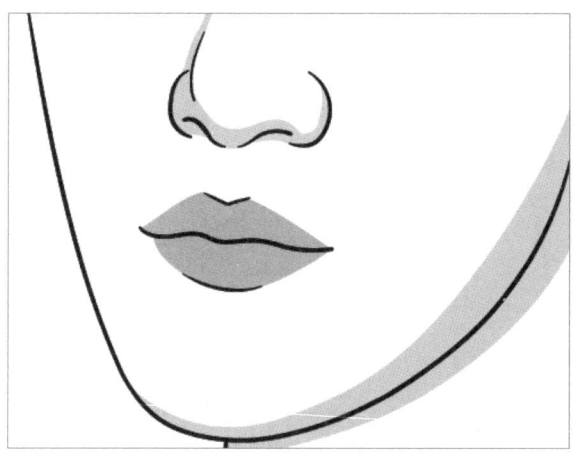

▲ 예민한 성격일 수 있는 좁고 가는 턱

성이 높다는 의미지요.

흔히 사람들은 턱 끝이 동글동글한지, 뾰족한지로만 보고 턱의 종류를 구분합니다. 그러나 다른 부위와 마찬가지로 턱 역시 다양한 형태가 있습니다. 예시를 살펴보며 설명해 보겠습니다.

우선 이중턱은 우리가 흔히 긍정적으로 보는 턱 중 하나입니다. 포용력이 있고 사교성, 재물복이 있는 턱으로 해석합니다. 그래서 이런 사람과 한 번 친해지면, 긴 우정을 이어갈 수 있지요.

긴 턱을 지닌 사람은 정이 참으로 많습니다. 정을 나누어 주

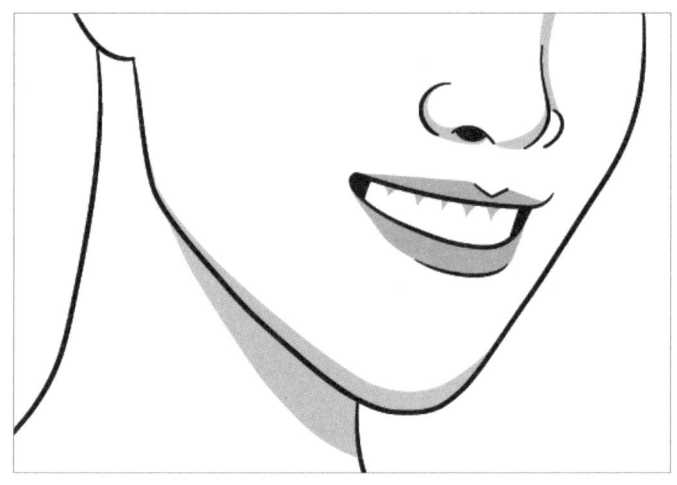

▲ 정에 약한 모습을 보이는 긴 턱

는 것에 거리낌이 없습니다. 그래서 누군가 자신에게 주는 정에 대해서는 약한 모습을 보입니다. 긴 턱을 구분하는 데 주의해야 할 점은 긴 턱과 좁고 가는 턱을 혼동하지 않는 것입니다. 턱의 폭이 좁지는 않지만 턱의 위아래 길이가 길어야 긴 턱이라고 봅니다. 긴 턱을 지닌 사람은 신중하고 몸보다는 머리를 많이 씁니다. 머리를 많이 활용하니 자기중심적일 수 있습니다.

짧은 턱 또는 무턱이라고 부르는 턱이 있습니다. 무턱이 있는 사람은 의지가 약하고 주체성이 부족하다고 봅니다. 턱이 짧다는 것은 저장력, 지키는 힘이 약하다는 의미입니다. 즉 재물을 잘 지켜내지 못해 부가 쌓이지 못하고 새버립니다. 그래

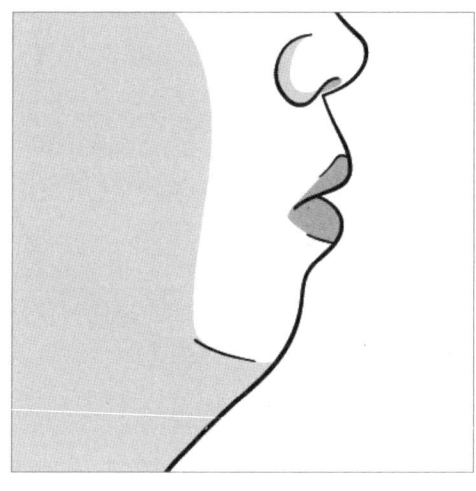

▲ 의지가 약한 무턱

서 턱이 짧다 하면 굴곡을 겪을 수 있는 사업이나 장사보다는 안정적인 직업을 선택하는 것이 좋습니다.

　턱이 앞뒤로 두터우면 포용력이나 지구력이 좋다고 봅니다. 반대로 턱이 앞뒤로 얇으면 예민하고 고독하며 남에게 입발린 소리를 잘 한다고 봅니다. 앞뒤의 두께를 판별하는 기준은 옆모습에서 보는 턱의 두께를 의미합니다. 턱 뼈가 살 없이 도드라지지 않으면서 두툼해야 합니다. 지나치게 넓은 것도 흉이기에 지나치게 넓지 않으면서 후중이 실린 모양과 느낌이어야 합니다. 이런 턱이 말년에 부동산 복이 있다고 봅니다.

　여자가 이러한 느낌으로 턱이 발달되었다면 활동성을 나타

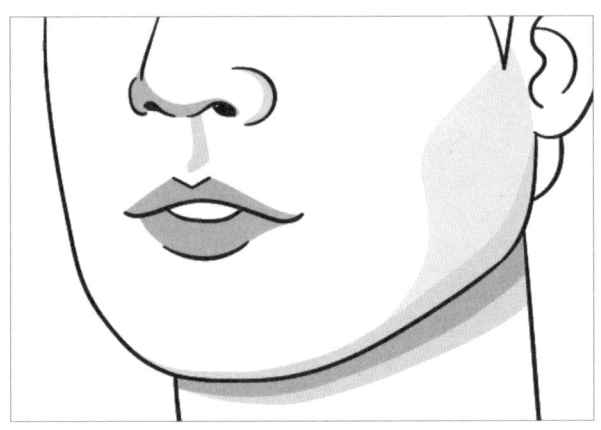

▲ 부동산 복이 있는 두터운 턱

냅니다. 자신의 목표와 꿈을 가지고 왕성한 사회활동을 하며 살아갈 수 있습니다. 집에서 남편이 벌어다 준 돈으로 편하게는 못 살겠다고 이야기하며 다양한 활동에 적극 참여하는 여성을 현대사회에서는 커리어우먼으로 봅니다. 자신이 가진 재능과 능력이 충분한 사람이기에 그걸 발휘하며 살아야 한다는 의미이므로 꼭 나쁜 뜻은 아닙니다.

턱끝이 갈라진 턱을 본 적 있나요? 엉덩이 모양을 닮아 엉덩이 턱이라고도 칭합니다. 턱끝이 갈라진 턱을 가진 사람들은 정열적이고 집중력이 강하고 의지도 굳세다고 봅니다. 이 턱의 힘으로 무얼 해도 끝까지 해냅니다.

턱은 눈과 더불어 그 사람의 의지를 나타내는 부분 중 하나

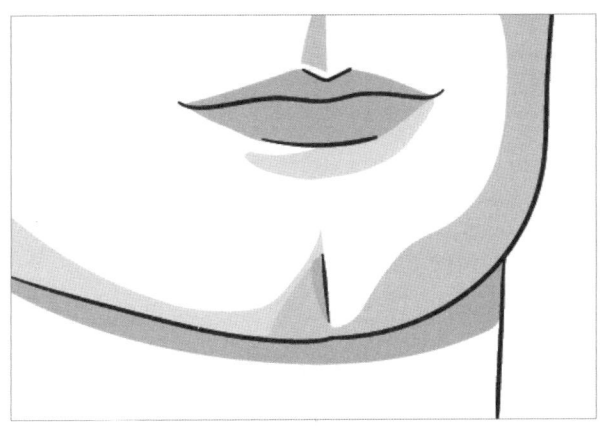

▲ 정열적인 성격의 갈라진 턱

이기 때문에 턱이 좁으면 생활력이 약하다고 볼 수밖에 없습니다. 특히 V 라인의 얼굴형이 유행처럼 번지고 미의 기준이 되어 버린 지금 시기에 턱 성형은 정말 신중해야 합니다.

연예인들은 연예인이라는 특수한 직업군에 속하기 때문에 어느 정도 관상학적 해석의 영역에서 벗어나는 경우들이 있습니다. 턱이 좁아도 젊은 나이에 많은 돈을 벌고 대궐 같은 집에서 살 수도 있지요.

턱, 하관은 말년에 내가 살 집의 크기라고도 말하고 재물복을 볼 때도 중요한 부위입니다. 미적 아름다움을 위해 턱을 좁고 뾰족하게 만드는 것은 관상학적인 접근에서는 굉장히 위험하고 안타까운 일입니다. 갸름한 턱이 부러운 사람이 있다면,

자신의 턱이 말년에 내가 살 집의 크기라고 생각하면 좋을 것 같습니다. 턱이 복스러운 사람이 끝에 가서는 오랜 시간 부를 누릴 수 있을 것입니다.

다이어트를 해도
엉덩이 살은 유지해야 한다

남자와 여자가 서로 다른 이유로 관심이 높은 '엉덩이'에 관한 이야기를 해볼까 합니다. 요즘은 멋진 몸을 만들고, 나이가 들어서도 몸의 선이 무너지지 않게끔 관리하는 사람이 많아졌습니다. '오운완(오늘 운동 완료)'이라는 말이 유행이 될 만큼 운동은 자기관리의 상징이 되었습니다.

그런데 이렇게 운동을 열심히 하는 사람들은 무작정 무거운 것을 들거나 땀을 뻘뻘 흘리는 운동을 하지 않습니다. 목적이 있는 운동을 한다는 의미지요. 특정 근육을 예쁘게 만드는 것에 신경을 쓰며 운동을 합니다.

과거 '애플힙'이 유행을 했습니다. 그러면서 '애플힙 만들기 운동'이 대중의 관심사가 되었습니다. 물론 요즘도 예쁜 엉덩이는 운동을 열심히 하는 사람들에게는 주요 목표일 것입니다. 이렇게 엉덩이에 대한 관심이 높다 보니 운동하는 여자들에게 엉덩이가 매우 중요해졌습니다. 여자들이 레깅스를 입는 그 자신감은 엉덩이에서 나온다고 생각합니다.

엉덩이가 관상학적으로도 참 중요합니다. 미의 기준과 관상학적인 기준이 다를 때가 많은데, 엉덩이는 비슷한 방향성을 가진다고 볼 수 있지요. 많은 사람이 목표로 하는 그 예쁜 엉덩이가 관상학적으로 해석을 했을 때도 좋은 엉덩이가 맞습니다.

관상서에서 정의하는 좋은 엉덩이는 일단 살이 통통하게 적당히 있어야 합니다. 엉덩이가 곡선을 이루고, 탄력이 있으면서, 적당히 봉긋하게 솟아 있어야 합니다. 비록 몸은 작을지라도 엉덩이가 풍후하면서 중심을 잡아주면 장래에 부를 이룰 수 있다고 합니다.

반대로 관상에서 좋지 않게 보는 형태는 당연히 살이 적고, 탄력이 적으며, 곡선이 아닌 직선의 형태를 보이는 형태입니다. 나이가 들고 자연스럽게 엉덩이에 살이 빠지는 것은 어쩔 수 없으나 젊은 사람이 엉덩이에 살이 없으면 큰일을 이루기 어렵다고 봅니다.

우리 인생의 시작점을 머리의 정수리 위치에 비유하자면, 엉덩이의 위치는 인생을 이미 절반 이상을 산 나이로 볼 수 있습니다. 이 시기에는 사회적 성공이나 경제적 자유와 같은 결실을 이루었거나, 이루는 중이거나, 적어도 이룰 가능성이 보여야 하는 시기이지요. 그러니 엉덩이가 빈약하면 이 시기에 뜻을 이루기 어렵다고 볼 수 있습니다.

또한 엉덩이에 살이 너무 없으면 배우자와 자식을 극한다고도 이야기합니다. 극한다는 것은 상대의 힘을 감소시킨다는 뜻입니다. 다시 말해, 자식복이 있는 엉덩이가 아니라는 이야기입니다.

반대로 엉덩이가 지나치게 서구형으로 커서 너무 도드라지게 되어도 이런 체형은 귀하지 못하고 천하다 봅니다. 또한 체형, 몸은 크지만 엉덩이가 너무 작거나 살이 너무 없으면 말년이 좋지 않습니다. 엉덩이가 각지고 뼈가 도드라지거나 뾰족하게 솟으면 좋지 않다는 이야기입니다.

만약 살이 없고 뼈가 붉어지는 엉덩이를 가졌다면 '애플힙' 운동을 열심히 해서 봉긋한 예쁜 엉덩이를 만들 수 있으니 걱정할 게 없습니다. 운동으로 충분히 변화를 주고 달라질 수 있으니 말입니다. 그러니 다이어트를 하면서 체중을 감량하더라도 엉덩이만큼은 지켜주면 좋겠습니다. 빈약한 엉덩이를 가진

자는 말년이 풍요로울 수 없기 때문입니다.

• 내 인생은 어떤 얼굴을 하고 있는가

눈썹점은
재물을 부르는 점이다

간혹 눈썹 안에 점이나 사마귀가 있는 사람들이 있습니다. 특히 평생 자신의 눈썹에 점이 있다는 사실을 모르고 있다가, 우연히 거울 속 자신의 얼굴을 보다가 발견하는 경우도 있지요. 이처럼 눈썹 속 점은 잘 보이지 않다는 이유로 사람들이 크게 신경 쓰지 않습니다. 그러나 눈썹 속 점과 사마귀에도 관상학적 해석이 있습니다.

우선 눈썹점을 위치로 구분할 수 있습니다. 눈썹의 앞쪽과 뒤쪽에 있을 수 있으며, 눈섭의 위쪽이나 아래쪽에도 있을 수 있습니다. 점이 1개만 있을 수도 있고, 여러 개가 있을 수도 있

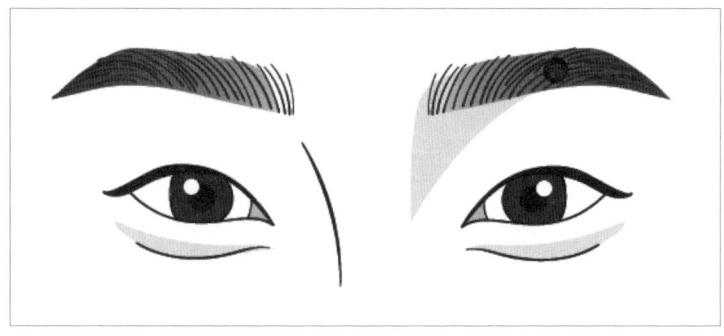

▲ 복을 부르는 눈썹 안에 있는 생점

습니다. 이렇게 수많은 경우의 수 중에서 관상학적으로 좋은 눈썹점에 해당하는 것은 무조건 눈썹 안에 있는 생점生點입니다.

생점, 단어 그대로 살아 있는 점이라는 뜻이지요. 사실 점에도 생명이 있어서 살아있는 점과 죽어있는 점, 즉 사점死點이 있습니다. 생점과 사점을 구분하는 방법은 단순합니다. 생점은 피부에서 볼록하게 튀어나와 있어야 하며, 선명한 검은색을 보여야 합니다. 그래서 대체로 피부보다 약간 눈에 잘 띕니다.

이 살아있는 점이 눈썹 안에 있는 것이 좋습니다. 눈썹 안에 볼록하게 사마귀같이 튀어나온 점이 있다면 대체로 전부 귀하게 해석할 수 있습니다. 그리고 눈썹 속 점의 위치에 따라 해석이 달라집니다. 여자라면 눈썹 뒤쪽에 점이 있는 것이 조금 더 좋다고 봅니다.

눈썹 안에 있는 점은 총명하고 재물에 대한 복이 좋다고 봅니다. 연예인들의 코에 있는 점보다 이런 점이 부러운 점 아닐까 싶습니다. 그러니 혹시 자녀에게 눈썹점이 있다면 자녀가 이 점을 콤플렉스로 느끼기 전에 복을 가져다주는 귀한 점이라고 사실을 일러주는 것도 좋겠습니다. 본인에게 이러한 점이 있다면 이 귀한 점을 남들에게 뽐내도 좋습니다.

꿈을 가진 사람이 성공하기 위해서는 반드시 이 욕심이 있어야 한다. 사람의 욕심이 과하면 화를 부르지만, 적정선을 유지하면 삶의 원동력이 된다. 그렇기 때문에 욕심이 과한 사람과 적당한 사람의 얼굴은 다를 수밖에 없다. 탐욕에 눈이 멀어버린다는 표현은 틀린 표현이 아니다.

6장

숨겨진 야망과 내면의 욕심이 드러나는 얼굴

코만 높은 사람이 되지 않으려면
자신의 분을 알아야 한다

관상에서 눈에 버금갈 정도로 관심을 받는 곳이 아마도 '코'일 것입니다. 코는 재백궁이라 불리며 재물을 담고 저장하는 그릇을 논하는 부위이다 보니 사람들의 관심과 사랑을 많이 받는 곳이기도 합니다.

    코는 재물 창고라는 뜻이지만, 그럼에도 이 창고인 코가 무조건 높고 커야 좋은 것이 아니라고 앞서 이야기했지요. 재물에 대한 이야기를 하려면 코만 보아서는 안 되고 입과 하관과의 조화를 보아야 합니다. 진취적이고 높은 이상향을 바라보며 내 삶을 더 나은 삶으로 만들기 위해 노력하며 살아가는 사람의 코는 대체적으로 높고 크기가 클 뿐 아니라 턱이나 관골도 좋은 형태를 보입니다.

만약 이마와 눈, 코까지 좋은 사람이 상대적으로 부실해 보이는 하관을 가지고 있다면 좋지 않습니다. 하관이 이마, 눈, 코를 받쳐주지 못하면 젊은 시절의 영광을 짧게 누리고 급격히 추락하거나, 항상 높고 좋은 곳만 올려 보다 결국 자신의 분을 알지 못하는 삶을 살아가게 됩니다.

저는 코만 높고 큰 관상은 비극이라 생각합니다. 코에 걸맞은 능력을 갖추지 못해 이상만 높고, 이상에 다다르지 못하는 슬픔이나 자괴감에 빠질 수 있기 때문입니다.

따라서 코가 중요하지만 코와 함께 하관, 턱의 조화가 정말 중요합니다. 내가 젊은 시절 일궈 놓은 것들과 나의 노력이나 고생으로 만든 결과물을 지키고 유지하는 힘이 있기 위해서는 조화로운 관골과 하관이 있어야 합니다.

내담자를 상담하다 보면 이혼 경험이 있는 사람들이나 가정이 제대로 유지되지 않는 사람들의 입과 하관에서 공통점을 찾을 수 있었습니다. 바로 뒤틀린 입술 모양이나 고르지 못한 치열을 보인다는 것입니다. 입안은 내 가정, 내 배우자이기에 이것이 뒤틀렸을 때 오는 현실적 타격이 그만큼 큰 것입니다. 치아가 고르고 고르지 못하고는 다음 이야기입니다. 비록 치열이 고르지 못하다 해도 그 입이 주는 느낌이 가볍거나 어리석어 보이지 않으면 괜찮습니다.

턱은 내 끈기와 집념이기도 합니다. 즉 하관이 약한 사람은 한 가지 일을 끈기 있게 독기를 품고 해내는 힘이 없습니다. 이러한 이유로 사업성을 논할 때도 하관은 관상학적으로 중요한 지표가 됩니다.

코가 높으면서 좋은데 하관이 약하면 본인의 노력과 의지로 무엇을 성취하기 위한 인내, 노력은 부족한데 자꾸 높은 곳을 보게 됩니다. 나보다 잘 사는 친구, 좋은 배우자를 만난 친구 등을 보며 어떤 방법으로든 신분 상승을 하려는 꿈만 꾸게 됩니다. 여기서 문제는 이런 사람들이 젊은 시절에 소위 말하는 '조건이 좋은 이성'을 만나 결혼을 하게 되더라도 이 관계는 끝까지 유지되지 못합니다. 그 '좋은' 배우자를 지키는 '힘' 역시 부족한 것입니다.

꼭 결혼을 논하지 않더라도 '코'는 좋은데 턱과 입, 하관이 부실하면 젊은 날 일구어 놓은 재산을 말년에 탕진하거나, 투자 실패로 모든 것을 잃으면서 운기가 극단적으로 꺾일 수 있습니다. 코만 높은 사람이 되지 않으려면 턱에서 나오는 끈기와 집념, 노력이 필요하다는 이야기입니다. 아무리 이상이 높아도 노력이 따르지 않으면 헛된 꿈에 불과할 수 있습니다.

당장이라도 욕이 튀어나올 것 같은 입, 살기를 가진 입

입에 살기를 띤다는 건 기본적으로 인생을 살아가면서 시비구설을 떼 놓을 수 없다는 뜻이기도 합니다. 욕을 많이 하면 입 모양이 바뀝니다. 욕이 튀어나올 것 같은 '입'이 만들어지는 것이지요. 실제로 살아가면서 욕을 한마디도 안 하고 살아가도 입에 살기를 띠는 사람들이 있습니다.

그렇다면 그런 사람들은 왜 입에 살기를 띠게 될까요? 내면의 욕심, 시기, 질투, 투쟁과 같은 감정이 드러나기 때문입니다. 정치인 중에서 타 정당에 대해 늘 비판과 시비를 만들어 내는 사람들의 입을 보면 그곳에서 살기가 많이 느껴집니다. 남의 뒷말을 하기 좋아하고, 늘 질투와 시기만 가득한 마음으로 상대를 바라보게 되면 입 모양이 틀어져 있기도 합니다.

입 밖으로 내뱉는 말들이 늘 곱지 않은 사람들도 있습니다. 본인은 악의 없이 하는 말들이라고 변명하지만, 타인이 듣기에는 좋은 소리가 안 나오는 사람들이 있습니다. 늘 시비를 거는 말투로 이야기하는 사람도 있지요. 이러한 사람들의 입에서는 밝고 긍정적인 느낌을 받을 수 없습니다. 살기는 결국 관상학에서 이야기하는 완악입니다.

완악이 담긴 입을 가진 사람이라도 그 완악을 남을 질투하고 비난하고 헐뜯는 데 쓰는 게 아니라 긍정적인 방향으로 쓰는 사람들도 있습니다. 바로 남들 앞에 서서 이야기하는 일, 설득, 상담 등을 하는 사람이지요. 쉽게 이야기해서 입으로 먹고사는 사람들입니다. 완악이 담긴 입의 모양을 보일지라도 이를 오히려 장점으로 승화시킨 것이라 볼 수 있습니다.

그림으로 완악, 살기가 많이 담긴 입을 설명해 보겠습니다. 입을 볼 때는 치열이나 입술 모양보다 더 중요하게 보아야 하는 것은 어렴풋이 느낄 수 있는 그 입이 주는 느낌을 보는 것입니다. 치열이 고른 입이라도 살기를 얼마든지 띨 수 있습니다. 입을 다문다고 살기가 가려지는 것이 아닙니다.

마음이 삐뚤어지고 꼬여버렸다면 욕을 나쁜 말을 뱉을 때

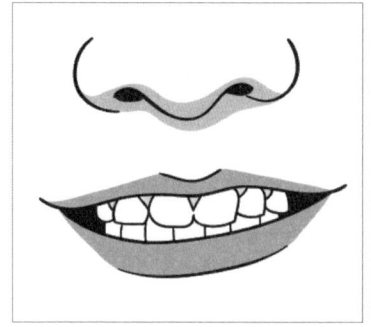 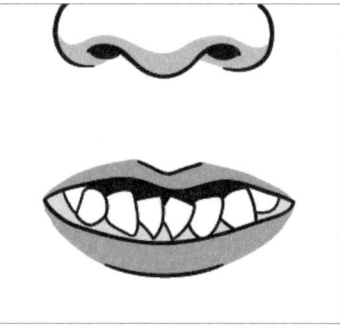

▲ 살기를 보이는 입의 모습

입 그 느낌이 납니다. 입 밖으로 내 마음이 튀어나오지는 않았지만 입안에 머문 그 감정이 고스란히 드러납니다. 나에게 이상하게 시비구설이 얽힌다면 내가 그 사람들과 얽히려는 기운을 가졌기 때문입니다. 입에 살기가 담긴다면 인간관계에서 시비구설을 피할 수 없습니다.

이 '느낌'이라는 것은 아무리 예쁘게 성형을 해도 바꾸기가 굉장히 힘듭니다. 수술로 그 사람이 가진 그 느낌까지 완전히 바꿀 수 있을까요? 관상을 바꾸는 것은 성형수술이 아닌 심상이라는 말이 맞는 것 같습니다.

성형수술이 아니라 평소에 좋은 마음 예쁜 말을 하고 살아야 좋은 기운을 담은 '입'을 가질 수 있습니다. 살기를 담은 입으로 대화를 하고 싶지 않다면, 지금부터라도 입에 올려야 할 표현에 신중할 필요가 있습니다. 평소의 언행이 그래서 중요합니다.

얼굴에서 살기가 넘치면
일어나는 일들

'얼굴에서 살기가 넘치면 나에게 일어나는 일들'이 과연 있을까요? 물론 무조건 어떤 일이 발생하는 것은 아니지만, 이를 관상학적으로 이해하자면 얼굴의 살기는 좋지 않은 일을 끌어들일 수는 있습니다. 그 이유는 바로 마음가짐 때문입니다.

얼굴로 표현하는 살기는 결국 자신에게 돌아온다

'사주불여관상四柱不如觀相(사주는 관상을 뛰어넘지 못한다)' '관상불여심상觀相不如心相(관상은 심상을 뛰어넘지 못한다.)' '심상불여덕상 心相不如德相(심상은 덕상을 뛰어넘지 못한다.)' 관상에 관심이 있는 사람이라면 이 말들을 한 번쯤 들어보았을 것입니다.

관상을 공부하다 보면 자신의 얼굴에 살기가 도는 걸 알고 있는 사람이 얼마나 많이 있을지 궁금해지기도 합니다. 사실 살기가 없는 상을 찾기 힘들 정도로 얼굴에서 흔히 볼 수 있는 것이 살기입니다. 다만 이것이 적당하게 있는 사람과 너무 과해서 넘치는 사람을 비교했을 때 차이가 생길 뿐입니다.

살기라는 게 왜 생기는지를 생각해 보면 답은 쉽게 찾을 수 있습니다. 마음 상태가 평온하고 안정된 사람에게는 절대 살기라는 것이 과하게 생길 수 없습니다. 내 마음이 편하고 안정된 상태인데 부정적인 감정이 비집고 자라날 수 없는 것과 같습니다.

지금 자신이 과거에 화가 났을 때를 떠올려 봅시다. 화가 나면 심장이 빠르게 뛰고, 얼굴이 붉어지고, 동공이 커지고, 목소리도 커집니다. 이 모든 현상은 감정이 불안정했을 때 동시다발적으로 일어납니다. 누군가를 시기하고 질투하는 감정을 느낄 때 그 순간을 떠올려 봅시다. 마음이 편안했었나요? 당연히 불안정한 감정으로 인해 마음이 요동칠 것입니다. 누군가에게 샘이 났다면 당시의 감정은 어땠을까요? 상대가 행복하고 잘

되길 바랄까요?

이런 마음이 들 때 우리가 연기를 한다면 어떤 표정을 짓고 있을까요? 입을 삐쭉거리거나 눈을 흘기거나 하는 표정을 짓게 됩니다. 우리가 타인을 비웃을 때 어떤 표정을 짓나요? 입꼬리가 한쪽만 올라가지요. 타인을 비웃는 감정을 늘 갖고 있는 사람은 자신도 모르게 그런 표정을 계속 짓게 됩니다. 영화에서 마약에 중독된 사람들 눈이 어떤가요? 뭔가 허공을 응시한 채 움직임을 보이지 않는 눈동자, 그리고 제정신이 아닌 표정을 짓고 있습니다. 마약뿐 아니라 게임 중독, 사이비 종교에 빠진 사람들을 묘사할 때 우리는 '정신이 나간 표정'으로 묘사하게 됩니다.

흉악범들이 대체로 제대로 된 정신이 아닌 상태에서 범죄를 저지르기에 눈빛이 마약 한 사람 같고, 소위 '눈이 돌았다'라는 얼굴을 보입니다. 불안정하고 어두운 감정이 내 마음에 오래 머문다면 이러한 표정을 자신도 모르게 자주 짓게 되고 얼굴의 주름, 근육의 형태가 이런 모습으로 굳어져 버리고, 그것이 관상으로 얼굴에 남게 됩니다.

의외로 좌우가 비대칭을 보이거나 얼굴이 한쪽으로 틀어진 사람이 많은데, 이 사실을 본인이 인지하는 사람도 있지만 모르는 사람이 훨씬 많습니다. 이렇게 굳어진 얼굴 근육이나 주름으로 평소에 짓는 표정이 어떤 표정인지를 유추할 수 있는 것이지요.

말을 할 때 입이 심하게 일그러지면서 뒤틀리거나 이미 얼굴의 좌우 중 한쪽 근육만 계속 쓰는 상태가 되어 틀어진 상태를 보이고, 눈동자의 불안정이 지나치게 됩니다. 이렇게 넘치는 불안정은 살기가 되고, 이 살기는 결국 사건을 일으키게 됩니다.

살기가 향하는 대상으로는 다음과 같습니다. 첫째, 나와 가장 가까운 사람인 배우자입니다. 정상적인 관계를 오래 유지할 수 없을 것입니다.

둘째, 눈에 넣어도 아프지 않은 존재인 자녀입니다. 부모가 살기가 넘치게 되면 상담으로 만나는 사람들 중에 아이가 아프거나 사고를 당하는 일들이 일어납니다.

셋째, 살기는 자신에게 돌아옵니다. 왜냐하면 나와 가장 가까운 사람은 '나' 이기 때문이지요. 그래서 얼굴에 살기가 넘치는 사람 중에 큰 병을 앓거나 일찍 돌아가는 사람이 많습니다. 정리하자면, 나의 어둡고 부정적인 심상이 결국 내면이 아닌 외면으로 드러나면서 나와 내 주변 사람들이 좋지 않은 일을 겪는다고 이해하면 됩니다.

인생을 함께 할 배우자는 보이지 않는 인연의 끈에 의해서 선택되지만, 그 인연의 끈이라는 운명은 나의 내면, 나의 사주, 나의 관상에서 비롯됩니다. 올바른 가치관과 정신상태를 가진 사람은 절대 불안정한 상대를 배우자로 결정하지 않기 때문이지요. 마음을 다스리면 결국 관상도 사주도 이겨낼 수 있는 것입니다.

내 마음을 다스리는 일 자체가 무엇보다 힘든 일이란 걸 압니다. 다만 내 마음에 안정이 내 인생에 끼치는 영향은 결코 무시할 수 없습니다. 부러움이 지나쳐 시기하고 남을 헐뜯어도 내게 남는 게 아무것도 없습니다. 남의 이야기가 쉽고 경솔한 사람은 내 입에 그대로 드러납니다. 불안정하고 어두운 감정이 드는 그 순간에 스스로 그런 생각으로부터 벗어나려는 노력만 해도 밝고 좋은 관상을 만들 수 있을 것입니다.

눈이 처지고 얼굴이 순하면
진짜 무서운 사람이다

어떤 사람은 겉으로 보이는 것과 완전히 다른 사람일 수 있습니다. 대표적으로 '눈이 처진 순한 얼굴'을 가진 사람이 그러합니다. 눈이 처진 얼굴을 보면 누구라도 첫인상으로 느낄 수 있는 이미지로는 '순한 인상' '편안한 사람' '마음이 착한' '강아지상'이 있습니다. 나열한 이미지 예시로만 보아도 처진 눈은 사람을 순하게 보이는 힘이 있습니다.

그런데 관상학적으로는 눈 끝, 즉 어미가 많이 처지면 처질수록 아주 고집스럽고, 자신의 생각이나 기준이 강한 사람으로 해석합니다. 적당히 강하면 자아가 강하고 자존감이 높은 것

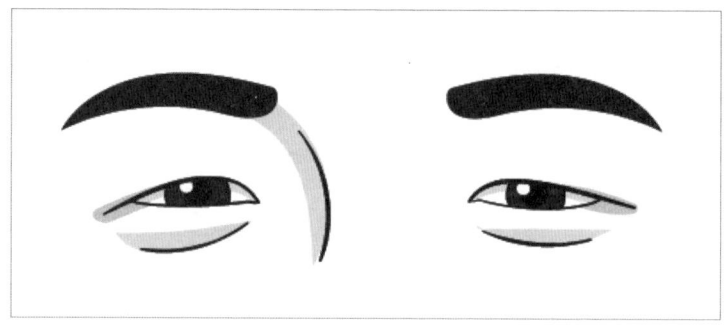

▲ 자아가 강한 사람의 처진 눈

로 평가할 수 있지만 처짐이 심할수록 이것은 적당한 것을 넘어서 지나친 것입니다.

이런 눈은 이상적인 배우자를 만나도 타협점을 찾기가 힘듭니다. 부드러워 보이는 것과 달리 굉장히 고집스럽고 자아가 강하기 때문에 상대에게 헌신한다던가 맞춰주고 배려하는 면이 부족합니다. 오히려 상대에게 내 생각과 가치관을 받아들이도록 강요하는 유형입니다. 내 말을 잘 들어줄 것처럼 순하게 생겼지만, 막상 오래 만나보며 그 사람 자체를 겪어보면 사람 자체가 속이 단단해서 찔러도 피 한 방울 나오지 않는 유형임을 알아차리게 되는 사람이라고 이해하면 됩니다.

이렇게 순해 보인다는 이유로 만만하게 대하거나 인간관계에서 실수를 하면 이런 유형의 사람은 화를 내지 않습니다. 그렇다고 분노가 없는 것은 아닙니다. 당시에 생긴 분노를 몇 번 정도 인내하다가 그 분노가 임계점을 넘어섰을 때 완전히 등을 돌려버리고 맙니다. 아무리 미안함을 호소해도 절대 뒤돌아보지 않는 성격이지요.

사람들은 화를 밖으로 드러내고 감정표현을 확실히 하며 겉보기에 성격이 세 보이는 사람을 무서워하고 조심스럽게 대하지만 그때그때 자신의 감정을 표출해 버리는 사람은 뒤끝이 없고 두려움의 대상이 될 수도 없습니다. 진짜 무서운 사람은 쌓아두었다가 한 번에 터져버리는 사람입니다. 이런 사람은 싸우지도 않고 그냥 단칼에 관계를 정리해 버립니다. 예를 들어 처진 눈을 가진 사람이 나의 회사 대표라면 어떠할까요? 사람이 좋아 보인다는 이유로 몇 번이고 실수를 하게 되면 말없이 그냥 정리를 해버릴 수 있습니다. 사람 좋아 보이는 대표님이라고 대충 일한다면 경고 없이 조용히 짜르는 것입니다.

내 아내가 눈이 처진 강아지상의 순해 보이는 여자라면 어떨까요? 결혼 후 아내가 "당신이 이런 건 좀 고쳐주었으면 좋겠다"라고 이야기했지만 그럴 때마다 대답만 하고 넘어가면 결과는 매우 좋지 못할 것입니다. 어느 날 아침 초인종 소리에 문을 열었더니 집배원이 건네주는 이혼소송장 등기우편을 손에 쥐게 될지도 모릅니다.

눈이 처진, 순해 보이는 얼굴을 한 사람은 결코 만만하게 보면 안 됩니다. 이런 사람이 마지막에 가장 무섭게 변하는 사람입니다. 뒤늦게 잘못을 뉘우치고 잡아보아도 돌아서지 않습니다.

이런 사람과 중요한 관계를 맺었다면 처진 눈으로 사람 좋아 보이는 웃음을 지을 때 잘 해야 합니다. 웃음 뒤 그 너머가 보이지 않을수록 좋은 관계로 남아야 합니다.

광대가 두드러지면
볼 수 있는 특징들

광대는 수고로움을 의미한다

단도직입적으로 말하면 '광대'는 '수고로움'을 의미합니다. 수고로움이라는 말은 단순한 표현으로 바꾸면 '고생'입니다.

가업을 승계한 우리나라 재벌들의 얼굴을 잘 살펴보면 광대가 도드라진 얼굴을 보기가 힘듭니다. 일단 얼굴에 광대, 관골이 발달했다 하면 나의 힘으로 또는 나의 노력으로 인생을 이끌어 가야 하는 운명입니다. 다시 말해, 어떤 쉽고 편한 도움 없이 자수성가해야 한다고 보면 됩니다.

전통 시장에서 장사하는 사람들의 얼굴을 가만히 보면 광대가 도드라진 사람이 많습니다. 여자 얼굴에 광대가 도드라졌다면 집에서 남편 내조만 하고 편하게 살 인생은 아니라는 뜻입니다. 자신의 능력으로 일을 하던가 아니면 집안의 큰 살림을 맡아 이끌어 나가야 합니다.

따라서 광대만큼은 도드라지지 않는 게 낫습니다. 도드라짐이 뚜렷할수록 인생의 수고로움이 커진다고 보면 됩니다. 하지만 이 광대의 힘으로 자수성가를 해내기도 합니다.

광대가 얼굴과 조화롭게 발달하면 좋은 이유

여자는 자신의 관골이 도드라진 걸 싫어하지요? 상담을 받으러 오는 여자 중에 성형하고 싶은 부위를 묻는다면 꼭 3위 안에 드는 부위가 바로 광대입니다.

많은 여자가 광대가 부각되는 것을 싫어하지만, 관골이 도드라져도 예쁜 얼굴들이 있습니다. 대표적으로 헐리우드 영화배우로 유명한 안젤리나 졸리입니다. 서양인인 걸 감안해도 안젤리나 졸리의 광대는 도드라진 편이지만, 참으로 예쁜 얼굴입니다.

제 기준에서 한국인 중에서 관골이 도드라졌지만 참 예쁘다고 생각하는 연예인은 바로 류시현 님입니다. 15년 전 여행을 다녀오다 공항에서 류시현 님 실물을 본 적이 있는데 TV로 보던 것보다 실물이 훨씬 예뻐서 깜짝 놀랐던 기억이 납니다.

저는 내담자의 얼굴에서 활동성을 해석하기 위해 관골을 봅니다. 관골이 솟고, 턱이 나오고 코가 높으면 어떤 일이든 치고 나가려는 힘으로 볼 수 있습니다. 욕심이 많은 사람들의 얼굴을 보면 이마, 코, 관골, 턱 중에 하나는 앞으로 나와 있는 경우가 많습니다.

단순하게 판단할 때 많이 나오면 나올수록 '욕심이 많다' '욕심이 지나치다'로 해석해도 됩니다. 즉 '관골' 자체가 그 사람의 욕망을 상징할 수 있습니다. 많이 나오면 나올수록 그 사람 내면에 들끓는 욕망이 주체가 안 될 수도 있지요.

그러면 관골이 발달된 상은 단점만 있을까요? 여성 내담자분들이 가장 성형하고 싶은 부위이면서 제가 가장 말리는 부위 중 한 곳이 관골입니다. 단점만 있다면 굳이 말릴 이유가 없겠지요. 관골은 내가 내세울 수 있는 '권력'이기도 합니다.

고故 노무현 전 대통령의 관골 한 번 보세요. 굉장히 긍정적인 의미로 해석할 수 있는 관골의 형상을 보입니다. '대통령'이라는 그 지위까지 올라선 인물이기에 관골이 나쁠 수 없습니다. 관골이 권력을 상징한다면, 코는 지위를 의미합니다. 그래서 코만 발달하고 관골이 빈약한 사람은 지위가 있어도 만인을 아우를 수 있는 위치에 설 수가 없습니다. 즉 아랫사람들이 존경하고 따르는 우두머리가 될 수 없습니다.

이를 반대로 말하면, 관골만 발달하고 코가 빈약한 사람은 자기 지위에 맞지 않는 권력을 휘두르는 사람입니다. 이런 사람들은 아무리 갑질을 해도 많은 사람이 따르지 못합니다. 존경받지 못하는 어리석은 권위입니다. 한마디로 현대사회에서 남녀노소 불문하고 성공하기 위해서는 높은 코도, 발달된 관골도 필요합니다.

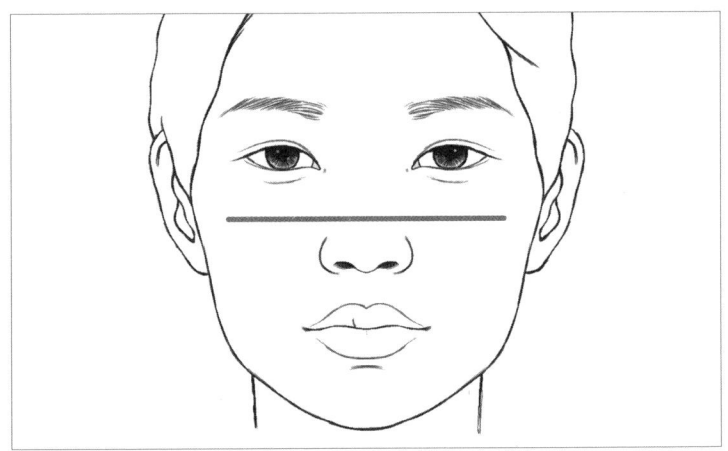

▲ 콧등과 관골의 기준

코와 관골이 어우러져 잘 발달된 사람은 평생 권력과 지위를 유지하면서 부귀를 누리게 됩니다. 그러니까 관골이 지나치게 높아서 코를 누를 정도만 아니라면 현대사회에서 무언가 이루어내고 싶은 사람에게 관골은 단점이 아니라 장점이 될 수 있습니다.

관골이 지나친 경우는 콧등 중간 지점보다 위쪽인 눈꼬리 쪽에 가깝게 관골이 높에 솟아난 형태입니다. 반대로 관골이 콧등 중간 지점보다 낮으면 빈약한 관골입니다. 다음 그림에서 선의 위치를 기준으로 내 관골이 이 위치의 콧등보다 눈 쪽으로 솟아 났는지, 기준선 아래인 준두에 가까운 높이인지 살펴보면 됩니다.

얼굴의 성형을 미적 기준만 고려하고 진행하지 않았으면 좋겠습니다. 만약 내 가슴속에 품고 있는 꿈과 야망이 있는 여자라면 관골을 장점으로 승화시키는 건 어떨까요? 저는 앞으로도 관골 성형을 상담하는 사람들을 말릴 것 같습니다. 물론 지나치지 않다는 전제하에서 말입니다.

미팅이나 맞선 자리에서 첫인상이 정말로 중요하다. 그리고 이 첫인상에 따라 소중한 연인 또는 평생을 같이 할 동반자를 만날 수도 있다. 당연히 결혼할 사람을 보는 기준은 사회생활을 하며 만나는 사람들과 다를 수밖에 없다. 그렇다면 관상학적으로 보았을 때도 그 기준이 달라질까?

7장

결혼상대자의 이면을 볼 수 있는 얼굴

배우자의 얼굴에서 딱 한 곳만 본다면 어디를 보아야 할까?

상대를 블라인드로 가려놓고 얼굴에서 보고 싶은 단 한 곳만 보여주는 매칭 프로그램에 나갔다고 상상해 봅시다. 그런 상황에서 이성의 얼굴에서 어느 부위를 공개해 달라고 하면 좋을까요?

첫 만남에서 상대의 '눈'을 먼저 확인해 보려는 사람이 많을 것입니다. 눈빛으로 알 수 있는 그 느낌이 있기 때문에 상대방의 눈을 지긋이 관찰하는 것이지요. 사람의 관상을 해석하는 데 있어서 눈이 50%의 지분을 지닌다는 표현이 틀린 말이 아닙니다. 하지만 결혼은 다른 이야기이지요. 인연을 맺는 것이 아닌 결혼으로 맺어질 인연, 배우자로 적합한 사람인지를 볼 때도 눈에 주목해야 할까요?

가정을 지키는 사람의 의지를 볼 수 있는 곳

저는 배우자로 적합한 사람인지를 판단하기 위해서 얼굴의 단 한 곳만 볼 수 있다면 입을 보여달라고 할 것입니다. 마음을 볼 수 있는 곳이 '눈'이라고 했지요? 관상학적으로 눈은 정말 중요합니다. 그런데 '입'도 눈만큼 중요합니다(사실 저는 눈보다 입이 더 중요하다고 이야기하고 싶습니다). 이성의 눈빛이 아무리 강렬하고, 눈이 맑아도 입에서 지켜내는 힘이 없다면 아무 의미가 없습니다. 그렇다면 입은 무엇을 지켜낼까요?

관상에서 입은 내 가정, 배우자, 재물을 뜻합니다. 그리고 '의지'를 나타내는 곳이기도 합니다. 그래서 결혼생활에 문제가 있어 상담소를 찾는 내담자들의 얼굴을 들여다보면 바로 '입'에서 좋은 느낌을 찾을 수 없었습니다. 특히 입에서 좋은 느낌을 주지 않은 사람들은 하관, 턱이 안 좋은 경우가 많았습니다. 입 매무새가 단정해야 가정에 대한 책임, 배우자, 자녀에 대한 책임을 다할 수 있다고 봅니다.

치열도 중요합니다. 치아는 배우자를 뜻하기 때문에 부정교합이나 치열이 심하게 흐트러져 있는 것보다는 치열이 단정하고 깨끗한 인상을 주는 것이 좋습니다. 물론 치열이 바르지 못해도 그 입에서 주는 느낌이 단정하다면 괜찮습니다.

눈만 보았을 때, 눈빛이 약하거나 혹은 너무 강하다면 입을 보면 됩니다. 입에서 주는 느낌이 강함이 넘치지 않고, 가볍지 않고 견고하다면 이 사람은 배우자도, 가정도, 재물도 지켜낼 수 있는 힘이 있다는 뜻입니다. 그렇기에 인생의 동반자가 될 배우자를 찾아야 하는 미팅이나 맞선 자리에서는 입을 꼭 살펴본 후 그 사람의 경제에 관한 가치관이나 삶의 의지력을 확인해 보면 좋습니다.

입을 보고 사람의 내면을 알아보는 방법

그렇다면 안정적이고 좋은 입은 어떤 입일까요? 일반인도 쉽게 확인할 수 있는 방법이 있습니다. 첫째, 입에서 드러나야 할 것은 드러나고 드러나지 않아야 할 것은 드러나지 않아야 합니다. 말할 때 그 입의 느낌에서 지나치게 강한 느낌, 살기가 느껴지진 않는지 보아야 합니다. 말할 때나 웃을 때 치아, 잇몸이 너무 많이 드러나는지도 확인해야 합니다.

특히, 웃을 때 윗입술이 말려 들어가면서 치아가 다 드러나는 모양새는 좋지 않습니다. 당연히 치열의 문제 등으로 입이 완전히 다 다물어지지 않는 것도 좋지 않습니다. 입이 잘 다물어지지 않는다는 의미는 내 재물, 가족, 배우자를 상징하는 입속을 지키지 못한다는 뜻입니다. 즉 다른 사람이 소중한 것을 쉽게 뺏어 갈 수 있다는 의미로도 이해할 수 있습니다.

둘째, 입 생김새 말고도 대화할 때 움직이는 입 모양도 살펴보는 것이 좋습니다. 사람들은 자신이 말하는 모습을 볼 기회가 거의 없기 때문에 무의식 속에 움직이는 입의 모양이 어떻게 변하는지 인지하기가 어렵습니다. 말할 때의 입은 그 사람의 보이지 않는 감정이나 생각을 드러냅니다. 말할 때 입이 틀어지거나 한쪽 입꼬리만 올라가거나 혹은 입을 일그러뜨리거나 뭉개는 사람들이 있지요? 이러한 입 모양의 변화들도 역시 배우자를 볼 때 흉으로 작용할 수 있습니다.

셋째, 입에서 나오는 음성상, 발음과 목소리 그리고 이 모든 게 담긴 언행도 중요합니다. 발음이 부정확할 정도로 새거나 말끝을 흐리는 말버릇, 목소리에서 쇳소리가 나는 것도 좋은 기운을 담은 입은 아닙니다.

무엇보다 언행이 바른 사람인지를 확인해야 합니다. 저급한

▲ 좋은 입

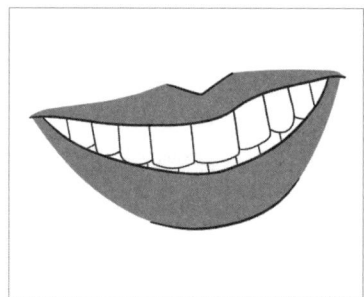 

▲ 나쁜 입

표현을 익숙하게 쓰거나 타인을 비난하는 말투를 가진 사람은 배우자를 향하는 말투도 그것과 다를 리 없기 때문입니다.

 입은 이렇게 많은 걸 담고 있기 때문에 눈빛이 좀 흐릿하거나 코가 좀 못난 것보다 입이 못난 것이 더 좋지 않을 수 있습니다. 그래서 배우자를 볼 때는 이 입을 잘 보아야 합니다. 그리고 하관을 같이 보아야 합니다. 재백궁인 코가 아무리 잘생겨도 입과 하관에서 그 재물을 지켜주지 못하면 돈을 아무리 많이 벌어도 그것을 끝까지 지켜낼 수 없다고 봅니다.

모든 사람이 마스크를 착용해야 했던 코로나19 팬데믹 시기에 '마기꾼(의도적으로 마스크를 이용해 얼굴의 하관을 가리는 사람)'이라는 말이 유형어가 된 적이 있습니다. 마스크를 착용해서 눈만 드러낸 모습과 마스크를 벗고 하관까지 다 드러낸 모습이 너무 다른 느낌인 사람을 뜻하는 말입니다. 입, 하관이 인상에서도 차지하는 비중이 눈 못지않게 크다는 점을 방증하는 유행어가 아닐까 싶습니다.

인생을 바꾸고 싶다면 자신의 말하는 모습, 언행을 한 번 점검해 봅시다. 상대방의 말하는 모습, 언행도 가만히 보고 들어 봅시다. 그 사람의 마음과 생각이 모두 보이고 들릴 것입니다. 그리고 자신의 인생을 바꾸고 싶다면, 성공하고 싶다면 얼굴을 바꾸는 것보다 말하는 습관을 바꾸고 변화시키는 것이 더 좋은 변화를 불러일으킬 수 있습니다.

입이 삐뚤어진 사람이 바른말을 할 리 없습니다. 말이 바르지 않은 사람의 생각이 바를 리 없습니다. 이런 논리를 적용해 보면 배우자 자리를 볼 때 '입'이 왜 중요한지 알 수 있습니다. 언행이 바르면 치열이 조금 고르지 못해도 입에서 주는 느낌까지 흉하지 않습니다. 올바른 생각을 하는 사람이라면 올바른 언행이 나올 수밖에 없다는 것은 당연한 이치입니다.

이제 더는 마스크로 이렇게 중요한 입을 가릴 필요가 없습니다. 그러니 인생을 함께할 인연을 찾는 사람들은 첫 만남에서 상대의 입, 그 입에서 나오는 그 사람 말에 귀 기울여 보기 바랍니다. 그 사람의 모든 것을 볼 수는 없어도, 입을 보며 이야기만 듣고 있어도 그 사람의 마음과 생각을 어느 정도는 들여다볼 수 있습니다.

짝눈, 비대칭은
육친의 불안정이다

상담을 받으러 오는 사람들의 심리 상태를 가장 쉽게 확인하는 방법은 '눈'을 보는 것입니다. 눈빛을 보고, 눈의 모양을 보고, 눈 주변을 본 뒤 그다음 눈의 좌우 크기를 보는 순서로 내담자의 눈을 살펴보며 심리상태를 차근차근 알아갑니다. 사람의 현재 심리 상태를 과거에 겪었던 일의 영향을 받으며 형성되기에, 그 사람의 현재 심리 상태는 알 수 있다면 과거도 어느 정도 유추할 수 있지요. 눈은 그 사람의 마음 상태, 즉 심리 상태를 가장 잘 드러내는 곳이기 때문에 힘든 유년을 겪은 사람들은 무엇보다 심리적 불안정이 눈에 확연하게 드러납니다.

어린 시절 학대나 학교폭력을 당한 사람들을 상담을 할 때가 있었습니다. 내담자들이 폭력으로 고통받았던 이야기를 들려줄 때마다 저 역시 며칠씩 마음이 아팠던 경험을 했었습니다. 특히 내담자의 눈을 상담 내내 바라보고 있어야 했는데, 그 눈에 아직 남아 있는 상처가 보였기에 가슴이 아팠습니다. 어린 시절, 짧다면 짧고 길다면 긴 그 몇 년의 시간이 끈질기게 상처로 남아 성인이 된 시점까지 갉아먹는 것입니다.

과연 그때의 상처에서 온전히 벗어나 있는 사람이 있을까요? 맞는 두려움 때문에 격투기를 배우기 시작했다는 한 내담자도 있었습니다. 운동을 열심히 해서 건장한 체격을 만들었음에도 남아 있는 그 트라우마가 걱정되었습니다. 이렇게 사람의 모든 감정은 다 눈에 담겨 있습니다. 눈빛 안에는 어린 시절의 상처도 다 담겨 있는 것이지요. 그래서 눈을 보면 그 사람의 불안을 가장 쉽게 읽을 수 있습니다.

그중에 우리가 짝눈이라 부르는 좌우 눈의 크기가 다른 모습은 무엇보다도 불안정을 의미합니다. 눈동자의 좌우 비대칭(사시)도 포함입니다. 좌우 비대칭 자체가 '불안정'을 의미합니다. 눈에서 좌우 비대칭이 확연하게 드러나면 드러날수록 불안정 상태는 깊습니다.

눈으로 이해할 수 있는 불안정은 본인 내면의 불안정입니

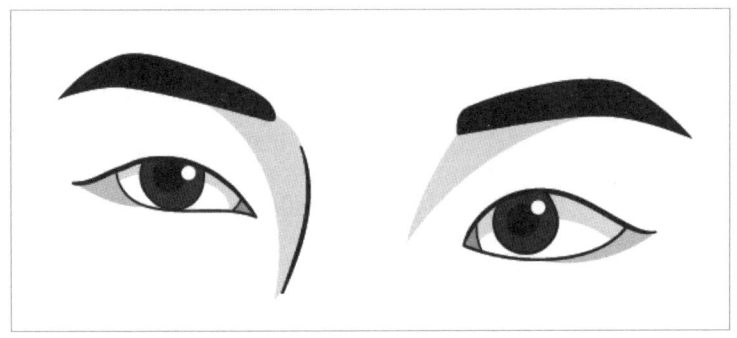

▲ 내면의 불안정을 읽을 수 있는 짝눈

다. 그러니 우울증이나 공황장애 등과 같은 정신적인 문제에 이미 노출되어 있을 가능성이 높습니다. 그리고 내면이 불안정하다는 것은 외적인, 환경적인 이유가 있기 마련입니다. 눈으로 읽을 수 있는 불안정은 육친(가족, 배우자, 부모, 형제)의 문제로 유발된 경우가 가장 많습니다. 부모님의 이혼이나 배우자와의 심한 갈등 등의 가정사를 겪으면서 힘든 유년 시절을 겪었거나, 본인 가정의 위태로움을 겪은 것입니다.

눈빛은 안정되어 있는 느낌을 주어야 좋습니다. 눈빛은 본인의 의지입니다. 내 머릿속, 마음의 상태입니다. 생각이 바르고 감정에 휘둘리지 않는 사람은 눈빛이 안정적일 수밖에 없습니다.

눈빛에 고한이 담긴 여자는 제대로 된 배우자를 '본인' 스스로 고르지 못할 가능성이 큽니다. 부모님께서 혼사를 결정해 준다는 뜻이 아니라 본인에게 제대로 된 남자를 보는 눈이 없다는 뜻입니다. 마음 상태가 안정적인 사람은 절대 마음 상태가 불안정한 사람에게 끌리지 않습니다. 안정된 사람이 불안정된 사람에게 인연으로 다가오지 않는다는 것입니다. 내가 올바른 마음가짐이나 안정된 마음 상태를 갖추고 있지 않다면 좋은 인연을 만나지 못한다는 이야기입니다. 운명이니 팔자가 가혹하다느니 그런 뜻이 아니지요.

불안은 더욱 큰 불안을 끌어들이게 됩니다. 그러니까 좋은 배우자를 만나고 싶다면, 좋은 동료나 좋은 인연을 만나고 싶다면 나의 생각과 감정이 올바르고 안정되어 있으면 됩니다. 그렇다면 타고난 복이나 운에 상관없이 나만큼 안정된 사람을 만날 수 있습니다. 좋은 인연은 내가 좋은 기운을 가지고 있을 때 만날 수 있다는 사실을 기억하기 바랍니다.

동안인 얼굴은
관상학적으로도 좋은 얼굴일까?

"동안童顔이세요"라는 말이 남녀 불문하고 칭찬으로 느껴지지 않는 사람은 아마 없을 것입니다. 그런데 사실 우리가 알고 있는 동안이란 단어의 뜻과 젊어 보인다는 말의 의미가 조금 다릅니다.

흔히 우리가 생각하는 동안을 정의해 보자면 다음과 같습니다. 첫째, 아이같이 생긴 얼굴입니다. 둘째, 현재 나이보다 젊어 보이는 얼굴입니다. 결국 동안의 정의는 본래의 나이보다 적은 나이로 보인다는 말이지만, 그래도 저는 이 두 가지 의미를 구분할 필요는 있다고 생각합니다.

얼굴의 나이는 인생의 나이와 같다

동안의 사전적 의미로 첫째는 어린아이의 얼굴이고 둘째는 나이 든 사람이 보이는 아이 같은 얼굴입니다. 즉 나이보다 젊어 보이는 얼굴을 동안이라고 부르기보다는 어린아이의 모습을 보이는 얼굴을 동안이라 부르는 것입니다.

이러한 사전적 의미를 확인하는 것은 관상학적 해석으로 인해 중요합니다. 나이보다 젊어 보이는 얼굴, 쉽게 말해 나이가 40대인 사람이 30대처럼 보이는 얼굴은 관상학적으로 나쁠 이유가 없지만, 나이가 40대인데 아이나 소년처럼 보이는 얼굴은 관상학적으로 그리 좋은 상이 아니기 때문입니다.

얼굴이 나이보다 어려 보이지 않아도 어쩐지 아이처럼 보이는 사람들이 있습니다. 얼굴만 보았을 때 그 어려 보이는 모습 때문에 어딘가 진중함이 떨어지고 가벼워 보이는 것과 같은 느낌을 줍니다. 특히 남자에게서 이런 특징이 더 많이 보입니다.

중장년층이 되면 자연스럽게 생겨야 하는 이 무게감이 없다는 점은 관상학적으로 흉에 가깝습니다. 가볍고 진중하지 못한 '어려 보이는' 얼굴을 가진 사람은 타인에게 '신뢰감'과 '무게감'을 주기가 어려울 수밖에 없습니다. 팔법에서 상격으로 소개했던 후중지상의 '후중'을 찾아보기 힘든 얼굴이라 할 수 있지요.

아이는 아이다워야 하고 어른은 어른다워야 합니다. 그런데 어른에게 어른다움이 아닌 아이다움이 보인다는 사실은 '철부지'라는 의미로 볼 수 있습니다.

아이 같은 얼굴로 인해 관상학적으로 불이익을 받을 수 있는지 궁금한 사람들이 사업 상담을 하는 경우도 있습니다. 만약 한 기업의 대표가 될 사람이 얼굴이 동안이라면 그 사업이 무게감 있는 사업으로 성장할 수 있는 가능성이 낮아질 수도 있습니다. 따라서 자기관리를 잘해서 나이보다 '젊어 보이는 상'을 지닌 것과 '아이 같은 얼굴'은 분명히 구분해서 볼 줄 알아야 합니다.

그렇다면 동안이 좋지 않은 경우로 작용했을 때 어떤 일이 발생할까요? 만약 결혼 상대가 동안의 얼굴로 아이처럼 보인다면 어떨 것 같나요? 기억에 남을 정도로 얼굴이 동안이었던 내담자를 상담했던 적이 있습니다.

아이를 낳아 키워본 사람들은 알 것입니다. 아이를 출산한 지 3~4개월 정도밖에 안 되는 시기가 얼마나 힘든지를 말이지요. 장모님께서 아이를 대신 돌보아준다고 집에 와 계신다고 했습니다. 그런데 일찍 퇴근해서 집에 들어가면 장모님이 계시니 아이를 돌보는 일은 아내와 장모님이 맡아서 한다고 이야기했습니다. 내담자는 제게 아이가 자기한테 오면 울기만 해서 모두가 편히 쉴 수 없으니, 자신이 아이를 돌보는 일에서 멀리 떨어져 있는 게 맞다고 말을 전했습니다. 그 말을 들은 저는 크게 놀랐습니다. 그 내담자는 얼굴만 어린 게 아니라 생각이나 마음가짐 자체가 어리숙했습니다.

최근에 최강 동안으로 유명세를 치렀던 가천대학교 이길여 총장님은 정확히 말하면 동안이 아니라 '젊어 보이는 얼굴'입니다. 이길여 총장님 얼굴에서 아이 같은 모습을 찾을 수는 없습니다. 연예인 중에서도 동안인 사람이 있기는 하지만, 연예인이라는 특수한 직업 때문에 동안의 단점이 장점으로 승화될 수 있습니다.

이처럼 나이가 들어서 아이 같은 모습을 보이기보다는 젊어 보이는 얼굴을 지녀야 합니다. 나이가 들어서 가벼워 보이는 느낌을 주기보다는 어느 정도 진중함을 줄 수 있는 것이 좋겠지요. 그리고 이 젊어 보이는 얼굴은 '철저한 자기 관리' '새로운 것을 받아들이는 마음가짐' 등으로 만들어 낼 수 있습니다.

의외의 특성이 있는
뒤집힌 귀

이곽이 이륜보다 튀어나와 있어 귀가 뒤집혀 보이는 귀를 반이反耳라고 합니다. 쉽게 이야기해서 귀의 안쪽에 해당하는 부분이 바깥쪽으로 돌출된 모양입니다.

이런 모양의 귀가 주는 느낌은 일단 '투박함'입니다. 직업 때문에 이런 귀가 만들어지는 경우가 있는데 바로 운동선수입니다. 특히 복싱 선수나 격투기 선수들의 귀를 보면 반이의 형태를 보입니다. 이종격투기 선수 출신 방송인 김동현 님의 귀를 보면 단번에 운동선수라는 사실을 눈치챌 수 있습니다. 상대의 얼굴을 가격하고, 반대로 자신도 얼굴을 많이 맞아야 하는 종목인 권투나 이종격투기를 하는 운동선수 중에는 주먹이나 발로 귀를 많이 맞다 보니 귀의 모양이 변형되는 사람이 많습니다.

이렇게 이곽이 튀어나온 귀, 뒤집힌 귀를 가진 사람은 단순하게 표현하면 한마디로 "남의 말을 잘 안 듣겠구나"라고 해석할 수 있습니다. 그만큼 자기 생각이나 자기주장이 강한 사람이라는 의미입니다.

이런 귀를 가졌다면 자기주장도 강하고 승부욕도 강할 수 있습니다. 지기 싫어하는 성격이기에 연애를 한다면 본인이 리드해야 하는 성격일 것입니다. 이런 남자가 똑같이 이곽이 튀어나온 귀를 가진 이성을 만난다면 인연이 길게 유지되기 힘들겠지요. 서로 자기주장만 하는데 궁합이 좋을 리 없습니다.

묻지마 살인으로 얼굴이 공개되었던 범죄자들의 귀를 보면 이곽이 튀어나온 반이를 여럿 볼 수 있습니다. 이런 귀를 가진 사람은 주변의 조언이나 충고를 듣고 내 생각을 바꾸기가 힘들기에 그릇된 생각을 쉽게 하고, 이것이 행동으로 이어지는 것입니다.

물론 이곽이 튀어나왔다고 해서 범죄자가 될 수 있다는 이야기는 아닙니다. 다만, 이곽이 튀어나온 귀를 지녔다면 자신의 고집이 강하다는 점을 인정하고, 다른 사람의 의견을 수용하는 자세를 갖출 필요가 있습니다.

성격이 강하면 다른 사람과 부딪칠 일이 잦아집니다. 일평생을 사람과 부딪치며 산다면, 그 성격은 당연히 유순하지 못하고 어딘가에 억세고 모난 곳이 생기겠지요. 그렇게 되면 외부와 소통을 단절할 수 있으며, 극에 달하면 좋지 못한 길로 빠져들 수도 있습니다. 자신이 고집스러운 사람이거나 그런 사람을 피하고 싶다면, 귀를 확인해 보면 좋겠습니다.

무심코 나오는 행동을 보면
그 사람의 미래를 알 수 있다

우리에게 '말버릇'이라는 것이 있습니다. '말그릇'이란 것도 존재합니다. 말하는 모습을 보면, 목소리뿐 아니라 말하면서 움직이는 입의 모양과 특징, 입 주변 근육 그리고 행동에 버릇이 있다는 사실을 알 수 있습니다. 이 버릇을 읽음으로써 그 사람을 어느 정도 이해할 수 있습니다. 즉 사람이라는 특성을 담아낸 그릇이라는 뜻이지요. 다시 말해, '말그릇'이 크고 작은지 본인이 다 드러내고 산다는 뜻입니다. 행동도 마찬가지입니다. '그러면 내 바닥을 보이지 않으려면 입만 다물고 있으면 되나?' 라고 생각할 수 있지만, 사지를 묶어 두지 않는 한 무의식에서 나오는 내 행동으로 나의 '그릇' 자체가 드러납니다. 그래서 인생에 도움이 되지 않는 말버릇이나 습관에 대해 알아 두는 것이 좋습니다.

첫째, 말을 자주 바꾸면 신용이 없는 사람으로 일을 맡기면 안 됩니다. 다 아는 이야기지만 여러 사람이 자주 사용하는 표현이라는 뜻은 그만큼 들어맞는다는 말이지요. 자기가 입 밖으로 내뱉은 말을 지키지 않고, 또 그것이 대수롭지 않은 사람, 기억도 못하는 사람은 믿음직한 사람일 수 없습니다.

둘째, 자기주장이 강하면서 화를 잘 내면 시비구설이 많습니다. 너무 강하면 부러집니다. 부러져서 좋을 게 있을까요? 아무리 큰 나무라도 부러져 버리면 생명을 다하게 됩니다. 휘어지는 갈대가 더 오래 삽니다. 자기주장을 굽히지 않는 사람이라면, 그 반작용으로 오는 흉으로 인해 피곤한 삶을 살아야 할지도 모릅니다.

셋째, 큰 은혜는 잊고, 사소한 원한에 집착하면 발전하지 못합니다. 이런 사람들이 있습니다. 누군가로부터 수년을 도움을 받았지만 작은 일 하나에 틀어져 생전 처음 보는 사람을 보듯 돌아서 버리는 사람들이 있습니다. 받은 것을 기억도 못 하고 말이지요.

나쁜 감정일수록 쉽게 흘려버려야 대인배입니다. 나쁜 감정에 갇혀 지내면 그것만큼 큰 손해가 없습니다. '내가 조금 손해 본 일들은 그릇이 큰 내가 잊어버려 주자'라고 생각하고 넘어가는 게 좋습니다.

넷째, 감정 표현이 얼굴에 많이 나타나면 그릇이 작은 것입니다. 감정이 얼굴에 고스란히 드러나는 사람들이 있습니다. 저는 이런 사람들은 일단 아이들 가르치거나 돌보는 일은 절대 해서는 안 된다고 이야기합니다. 인내가 필요한 '스승'의 그릇이 아니라는 이야기입니다.

다섯째, 말을 할 때 손동작이 크면 주장이 강한 사람입니다. 말할 때 손동작이 크다는 건 속이 빈 이야기를 전달하고 있다는 사실을 들키고 싶지 않아서 더 강하게 과장하는 의도로 봅니다. 혹시 이야기할 때 자신도 모르게 손이 많이 움직인다고 생각된다면, 타인과의 의사소통 중에 자신의 생각만 일방적으로 전달하려는 건 아닌지 돌아볼 필요가 있습니다.

여섯째, 다리를 떨거나 걸을 때 흔들리면 좋지 않습니다. 다리를 떨면 복이 나간다는 이야기는 한 번쯤 들어보았을 것입니다. 옛 어른들 말은 틀린 게 없습니다. 다리를 떤다는 건 불안하다는 의미이고, 한 가지에 깊게 몰두하지 못한다는 의미입니다. 중요한 이야기를 하는데 다리를 떨고 있다면 거짓말을 하고 있거나 허풍을 떨고 있을 가능성이 큽니다.

습관처럼 몸에 밴 버릇들은 고쳐지기가 쉽지 않습니다. 재채기처럼 불쑥불쑥 튀어나와 스스로 버릇을 반복하고 있다는 사실도 인지하기도 참 힘듭니다. 그래서 더욱 그 사람이 평소에 아주 자연스럽게 하는 말과 행동에서 인생을 볼 수 있는 게 아닐까 싶습니다.

나의 행동이나 습관에 대해 누군가 지적해 준다면 "나 원래 그래"라고 말하며 흘려듣지 말고 한 번쯤 왜 이런 습관이 생겨났는지 생각해 보는 건 어떨까요?

사회생활을 하다가 만나는 사람들 때문에 지치는 것은 누구나 마찬가지다. 인간관계 자체가 상처를 주고받는 일이 되어버렸기 때문이다. 그렇다고 아무도 만나지 않고 사회생활을 안 할 수는 없으니, 좋은 사람과 그렇지 않은 사람을 구분하는 안목을 키울 필요가 있다. 이번 장에는 이런 안목을 키우는 데 도움이 될 만한 간단한 내용들을 모아보았다.

8장

처세에 도움이 되는 얼굴

신의를 볼 수 있는
입꼬리의 비밀

"내가 이 사람을 믿어도 될까?"라는 생각을 한 번도 해보지 않고 살아가는 사람이 있을까요? 사람과의 관계에서 이 사람을 믿어도 될지, 믿는다면 어디까지 믿어야 할지 한 번쯤은 고민해 보았을 것입니다. 믿어도 되는 사람인지 아닌지 얼굴만 보고 한 번에 알 수 있을 정도로 '사람 보는 눈'이 다들 있다면 참 좋을 텐데 말이지요.

그렇다면 관상가가 아닌 일반인이 다른 사람의 얼굴에서 쉽게 '신의'를 알아볼 수 있는 곳이 어디일까요? 물론 단 한 곳을 보고 완벽하게 판단하는 것에는 한계가 있습니다. 하지만 어느 정도 그 사람의 신의를 쉽게 알아볼 수 있는 곳이 있는데, 바로 '입술'입니다. 정확하게는 '입꼬리'입니다.

거울을 보고 한 번 웃어보면 입꼬리가 어떻게 올라가나요? 입 양쪽 끝의 입꼬리가 동시에 그리고 똑같이 올라갈 것입니다. 그런데 한쪽 입꼬리만 올라가거나, 더 높게 올라가는 사람도 있습니다. 이렇게 한쪽 입꼬리만 올라간 모습을 평상시에도 짓고 있다면, 그 사람의 신의를 의심해 보아야 합니다.

평상시에도 어떤 표정을 유지하고 있다는 것은 그 표정을 워낙 많이 지어서 익숙해졌다고 볼 수 있지요. 즉 표정이 하나의 '상'이 되어버린 것입니다. 상은 그 사람의 마음 상태를 나타내기 때문에 한쪽 입꼬리만 올라간 얼굴을 하고 있는 사람은 평소에도 좋지 못한 궁리를 하고 있다고 볼 수 있습니다.

이렇게 흑심으로 가득 찬 자신의 마음가짐을 감추고 산다고 해도, 본인은 꿍꿍이가 없는 사람이라는 척을 하며 산다고 해도 감출 수 없는 '입꼬리'에서 본심이 흘러나오는 것입니다. 만약 중요한 비즈니스 상대가 이러한 얼굴을 하고 있다면, 이 신의를 따져야 할 순간에 신중해야 합니다.

입이 이렇게 한쪽 입꼬리만 올라가면서 누구를 비웃는 것 같은 상을 지닌 사람은 본인 이익이나 감정에 따라 타인을 배신할 가능성이 높다고 봅니다. 조직 내에서 직장 상사든 동료든 혹은 연인관계일지라도 배신하려는 마음은 언제든 생겨날 수 있습니다. 나의 이익을 위해 배신할 수 있는 동료를 선호하며, 지금 인연보다 더 좋은 이성을 만난다면 환승연애를 일삼는 상이 이렇게 한쪽 입꼬리만 올라가는 상입니다.

관상을 이야기하며 '입'에 관련된 이야기가 참 많지요? 그만큼 입이 인생을 갈무리하는 데 중요한 곳이라고 생각하면 됩니다. 입꼬리가 올라간 입만 딱 구분해서 모아서 보면 이 입들에서 어떤 느낌이 들까요? 따뜻하거나 밝은 느낌일까요? 아니지요. 어쩐지 나를 비웃는 느낌이 들지 않을까요?

얼굴 전체를 보면 입이나 눈 등 한 곳에서 주는 그 느낌이 확 와닿지 않을 때가 있습니다. 특히 입은 코와 턱의 사이에 있으니, 입에만 집중하기다 어려울 수 있습니다. 이렇게 한 곳에 집중하기 어려울 때 제가 사용하는 방법이 있습니다. 예를 들어 '입'이 주는 느낌을 보고 싶다 하면 얼굴에서 입을 제외한 나머지 부분들을 다 가리고 오로지 '입'만 보는 것입니다. 이렇게 본 다음 와닿는 느낌을 머릿속에서 정리하는 것입니다. 다른 부위도 마찬가지 방법으로 보면 '느낌'을 느끼기가 쉽습니다.

신의를 확인하고 싶은 사람을 찾고 싶다면 이런 식으로 입꼬리를 살펴보면 되겠습니다. 그리고 상대방의 입꼬리에 따라서 내 마음의 문을 어디까지 개방할 것인지를 고심하기 바랍니다.

첫인상과 후인상이 다르다면 어떤 모습이 진짜 모습일까?

우리는 소개팅, 미팅, 맞선, 기타 사회적 만남 등에서 타인을 만날 때 '첫인상'에 주목합니다. 첫인상이 좋으면 아무래도 관계 형성의 출발이 좋을 가능성이 높습니다. 특히 면접 같은 경우에는 태어나 처음 만난 사람 앞에서 단 수십 분 동안 보여지는 '첫인상'이 당락을 좌우하기도 하지요.

한편, 관상가는 어떤 목적으로 관상을 보는 것일까요? '관상을 본다'라는 것이 타인의 인생을 점치기 위한 방법이라 생각할 수 있겠지만, 저는 관상을 본다는 것은 그 사람의 마음을 보는 것이라 생각합니다. 그 사람의 마음을 드러내는 곳이 얼굴이므로, 관상가는 관상을 봄으로써 사람의 마음과 생각을 유추하는 것입니다.

이 이야기를 하는 이유는 얼굴에는 마음가짐이 은연 중에 드러나기 때문에 '첫인상' '첫 느낌'으로 사람을 이해하는 게 완전히 틀린 내용이 아니라는 점을 전하고 싶었습니다. 우리는 누군가를 처음 만났는데 첫인상으로 '너무 무서워 보였다. 그런데 이야기를 나누어 보니 전혀 그런 사람이 아니었다'라는 경험을 해보았을 것입니다. 혹은 그 반대의 경험도 해보았을 것이지요. '굉장히 쉽게 보고 만만하게 생각한 사람이었는데 알고 보니 굉장히 무서운 사람이었다.' 같은 경우이지요.

그렇다면 어떤 사람을 만나 처음 느꼈던 첫인상과 시간이 지나면서 알게 된 후인상의 모습 중 어떤 것이 그 사람의 진짜 모습이라고 생각하면 될까요? 정답은 둘 다 그 사람의 참모습입니다.

정답을 이해하기 위해서는 우선 우리 모두가 가지고 있는 두 가지 모습을 알아야 합니다. 사람에게는 체와 용用이라는 두 가지 모습이 있습니다. 간단하게 이 두 가지를 정의하자면 체는 누군가를 만났을 때 보는 '첫인상'입니다. 용은 시간을 두고 대화도 해가며 그 사람을 겪으며 알게 된 '후인상'입니다.

첫인상과 겪고 난 후의 인상이 다른 이유는 간단합니다. 두

모습 다 그 사람이 가지고 있는 모습이기 때문입니다. 우리가 사람을 보는 눈이 없는 것이 아닙니다. 사람의 모습에는 한 가지 모습이나 한 가지 성향, 성격만 있을 수는 없기 때문에 첫인상과 후인상으로 나뉘는 것입니다.

예를 들자면 평소에 온화하던 사람이 화가 나면 완전히 다른 모습으로 변하는 경우입니다. 평소 온화한 모습도, 화가 나면 돌변하는 모습도 모두 솔직한 그 사람의 모습입니다. 첫인상으로 본 모습이 그 사람의 '종합적'인 모습이라면, '화가 나면 돌변하는 모습'은 그 사람의 일부인 셈이지요.

그 사람이 인생 대부분의 시간을 화가 난 채로 살아가지 않을 것입니다. 주변 사람이랑 함께하는 대부분의 시간은 온화한 모습으로 있겠지요. 그렇기 때문에 그 사람을 처음 보는 사람에게는 '첫인상'이 평소에 더 자주 보이는 모습인 '온화함'이 먼저 느껴지는 것입니다. 이러한 이유로 우리는 누구든지 그 사람이 진실로 화가 났을 때의 모습을 보기가 어렵습니다. 사람은 '첫인상'만으로 판단해서는 안 된다는 말이 맞습니다.

그렇다고 '첫인상'으로 본 그 느낌이 완전히 틀렸다는 말이 아닙니다. 어떤 사람을 이해하기 위해서는 '첫인상' '후인상' 모두를 보아야 한다는 의미입니다. 당연히 일반인에게는 첫인상이 어떤 사람을 이해하는 데 있어서 중요한 지표가 될 수 있습니다. 그러나 그 사람이 드러내지 않고 싶어하는 그 이면을 꿰뚫어 볼 줄 알아야 진정으로 그 사람과 깊은 관계를 이어갈 수 있을 것입니다.

만약 예비사위 혹은 예비며느리가 인사를 왔는데 어쩐지 내 자식을 아끼며 살 것 같지 않아 보여 첫인상이 마음에 들지 않다면 어떻게 해야 할까요? 이럴 때는 그 사람을 부정적인 시각으로 평가를 깎아내리는 게 아니라 "자네 오늘부터 몇 번 정도는 우리집에 놀러 오게"라고 이야기하는 게 좋습니다. 그 사람을 겪어서 알 수 있는 '후인상'을 천천히 시간을 들여 찾아보면 됩니다.

사주든 관상이든 단편적인 판단은 오류를 범할 수 있습니다. 그렇기에 첫인상에 모든 것을 판단하지 않고 시간을 들여 드러나지 않은 모습까지 알아가는 자세를 갖추는 것이 중요합니다.

사람을 통솔하는 사람은
법령을 지우지 않아야 한다

30대 후반 이후 연령대의 여자는 한 번쯤은 팔자 주름이 신경이 쓰여 눈길이 간 적 있을 것입니다. 여기서 팔자 주름을 법령 法令이라고 합니다. 법령은 말 그대로 법을 호령(명령)한다는 뜻입니다. 그래서 이 미적 기준에서는 눈에 거슬리는 팔자 주름이 관상학적 기준에서는 굉장히 중요합니다. 단순하게 지우고 싶은 세월의 흔적으로 보아서는 안 된다는 뜻이지요.

천하를 호령하려는 자, 즉 권력을 갖고 싶어 하는 자가 법령을 지우는 건 말이 안 됩니다. 예뻐 보여야 하는 삶이라면 이 법령을 지워도 상관없습니다. 이러한 이유로 연예인들은 팔자 주름을 지워도 상관없습니다.

　하지만 군중의 앞에 서야 하는 사람, 작은 단체일지라도 장^長이 되려는 자, 강단 위에 서야 하는 사람, 민심을 잡아야 하는 사람, 국민을 아우르는 사람, 즉 작게라도 권력을 잡아야 하는 일을 해야 한다면 법령이 꼭 있어야 합니다. 이런 사람들은 법령은 함부로 건드려서는 안 됩니다.

　단순하게 이야기하자면 내가 속한 사회에서, 조직에서 높은 위치에 올라 서거나, 큰 목표를 달성하고 싶다면 법령을 함부로 건드려서는 안 됩니다. 팔자 주름은 그저 나이의 상징이 아닙니다. 팔자 주름이 생길 정도의 나이가 되면 우두머리가 될 정도의 나이가 되었다는 의미이기도 합니다.

　우리가 눈가 주름을 법령이라 부르지는 않습니다. 이 법령이 지나가는 길에 뚜렷한 점이 있으면 흉하다고 봅니다. 나이가 들어 법령이 곧고 길게 잘 뻗어 있으면 장수의 상징이기도 하고 권위의 상징이기도 합니다.

　반대로 법령이 생길 나이가 아닌데 생기면 좋지 않습니다. 주로, 집안의 가장이 되고 생계를 책임져야 해서 초년 고달픔의 상징이 되기 때문입니다.

　법령이 생길 나이인데 생기지 않으면 이것도 큰 흉으로 봅니다. 나이가 들어 성취를 해야 할 시기임에도 이 사람은 아직

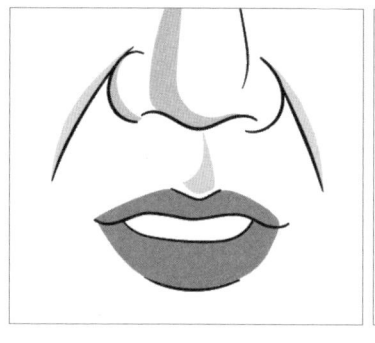 

▲ 권력자라면 가져야 할 법령

자신의 인생에서 제대로 된 운을 만나지 못했다고 봅니다. 그리고 법령은 나이만큼 철이 들었다는 증거이자 흔적입니다. 나무로 비유하자면 나이테와 같습니다. 이러한 나이테가 생기지 않았다는 것은 아직 나이만큼 철이 들지 못했다고 볼 수 있습니다.

저는 관상을 공부하면서 팔자 주름을 아름답게 보게 되었습니다. 만약 사회에서 이루고 싶은 목표와 야망이 있다면, 지금 내가 자리한 분야에서 최고가 되고 싶다면 남녀불문하고 깊어져 가는 팔자 주름을 세월이 주는 훈장이라 생각해야 합니다.

성형으로 볼록하게 만든 이마는 이마가 아니다

얼굴에서 이마는 초년을 나타냅니다. 이는 이마가 넓은 사람들을 보고 부모덕이 있다고 말하는 이유이기도 합니다.

그런데 여기서 중요한 것 하나를 짚고 넘어가야 합니다. 과연 어디서부터 어디까지를 이마라고 할 수 있을까요? 아마 머리카락이 나는 시작 위치부터 눈썹 위까지를 이마라고 생각하는 사람이 많을 것입니다.

저도 관상을 공부하기 전까지 제 손바닥으로 가려지는 그 전체 부위가 이마라고 생각했습니다. 그런데 이마의 진짜 부위는 따로 있습니다. 눈썹 끝에서 얼굴 굴곡을 따라 올라가는 부

▲ 실제 이마 너비

위가 있습니다. 그리고 올라가다 보면 오르막이 멈추고 평평해지는 위치가 있습니다. 그 평평해지는 부분, 거울로 내 얼굴로 정면에서 보았을 때 손가락 3개 정도로 가려지는 부위를 '이마'라고 합니다.

그림에 표시한 부분의 너비 정도를 진짜 이마라고 부릅니다. 우리가 생각하는 넓이의 이마가 아니지요? 대부분 사람들은 눈썹 위, 헤어 라인 아래 전체를 이마라 생각합니다. 그런데 진짜 이마의 너비는 그림에서 나타낸 정도밖에 되지 않습니다. 따라서 이마가 넓으면 부모 복이 있다의 정확한 의미는 표시한 위치, 평평한 면적의 위치가 넓어야 부모복이 있고, 받을 복이 있다고 말할 수 있는 것입니다.

그런데 연예인처럼 입체감 있는 얼굴을 동경하는 분위기가 형성되면서 이마에 보형물을 넣는 시술이 오래전부터 유행이었습니다. 여기서 문제는 보형물을 넣는 위치가 진짜 '이마' 위치라는 점입니다. 보형물을 넣어서 평평했던 이마를 입체감 있게 동그랗게 만들면 넓직한 이마가 사라지는 것이지요. 그래서 이마 보형물 시술은 미적 관점에서는 아름다움을 줄지 몰라도 관상학적으로는 좋은 시술이 '절대' 아닙니다. 아름다움을 얻을 수는 있어도, 그 아름다움 그 너머의 가치인 '복' 그 자체를 없애 버리는 것이니 말입니다.

이마 보형물 시술만큼 여자들이 많이 받는 헤어라인 정리는 괜찮을까요? 다행히 관상학적으로 헤어라인은 깔끔하고 반듯한 게 좋기 때문에 헤어라인 정리는 좋다고 볼 수 있습니다. 헤어라인이 지저분하면 부모덕이 없고 속세에서 받을 복이 없다고 해석됩니다.

이처럼 관상학적으로 보았을 때 시술을 받으면 좋지 못한 부위가 있고, 오히려 좋은 부위가 있습니다. 시술로 아름다움을 취하고 복을 걷어차는 게 괜찮다면 상관없지만, 그렇지 않다면 시술을 신중하게 결정하는 게 좋습니다.

절대 치아가 빠진 상태로
있지 마라

 자녀가 있는 부모라면, 자녀 계획을 세우는 중인 사람이라면 치아 관리를 정말 잘 해야 합니다. 앞서 입이나 하관이 가정을 지키는 데 있어서 정말 중요하다고 했었지요? 미래에 자녀가 잘 될지 또는 안 될지를 단순하게 확인해 보는 방법도 입을 보는 것입니다. 여기서 치아가 정말 중요합니다.

 관상을 떠나서 치아가 중요하다는 사실은 우리 모두가 알고 있습니다. 치아 때문에 고생을 해본 사람이라면 아무리 졸려도 자기 전에 어떻게든 양치를 하게 되지요. 만약 치아가 망가지면 신체적, 정신적인 고통을 두려워하겠지만, 관상학적 해석을 알게 된다면 인생이 고달파질 가능성을 염려할 것입니다.

'관상'에서 치아는 자녀로 볼 수도 있고, 내 아내로 볼 수도 있고, 심지어 내 재물로 볼 수도 있습니다. 나열한 것들만 보아도 치아는 견고함이 있어야 한다는 점을 알 수 있습니다.

사실 치아에서의 견고함은 일반 사람들이 구분하기가 쉽지가 않습니다. 그래서 입 모양, 치열 등을 관상학적으로 접근해서 볼 때 알아두면 좋을 간단한 해석을 알려드리고자 합니다.

치아가 드러나도 무게감이 있으면 괜찮다

웃을 때나 말할 때 윗니가 너무 드러나지 않아야 합니다. 윗니가 드러나는 사람들이 말할 때 느낌이 차분하거나 고급스러워 보이지 않습니다. 오히려 좀 헤프고, 가벼워 보이고, 또 천박해 보이지요. 그래서인지 윗니가 드러나는 사람은 비밀 보장이 어렵다고 볼 수 있습니다. 입이 가벼워 다 발설하는 것이지요. 그리고 겸손함이 없는 사람일 수 있습니다. 거만하다기보다는 겸손함을 모른다는 표현이 더 적절합니다. 사람이 거만해 보이진 않지만, 경박해 보일 수 있습니다. 보유하고 있는 재물 역시 쉽게 빠져나갈 수 있습니다.

제가 윗니가 드러나는 사람의 이야기를 할 때 꼭 유재석 님을 언급합니다. 유재석 님은 웃을 때 치아가 상당히 많이 드러납니다. 특히 윗니는 거의 다 보일 정도로 드러납니다. 물론 유재석 님의 입 구조가 돌출형이기에 그럴 수 있습니다.

그러나 이것을 무조건 그 외관, 즉 '형태'만 보고 논할 것이 아니라 그 입과 얼굴 전체의 분위기를 보아야 합니다. 모두가 알다시피 유재석 님은 말하는 내용이나 말하는 자세가 절대 가볍지 않습니다. 그리고 정작 말할 때는 치아를 거의 드러내지 않습니다. 입술로 치아를 잘 가리며 말을 이어가지요. 이는 입 자체가 가벼워지지 않기 위해 노력하고 있다는 것으로 볼 수 있습니다.

유재석 님 외 예시로 다룰 수 있는 사람으로 안철수 님이 있습니다. 안철수 님은 말할 때 아랫입술이 많이 내려가면서 아랫니가 다 보입니다. 그리고 아랫니가 말할 때 앞으로 나오는데, 이는 완악으로 볼 수 있지요. 하지만 괜찮습니다. 아랫니가 앞으로 나오는 완악이 있지만 넘치지 않을뿐더러 이는 적당한 야망(정치 인생의 성패와는 관련 없습니다)으로 볼 수 있습니다.

안철수 님이 웃는 사진을 본다면 이를 더 잘 이해할 수 있습니다. 안철수 님이 웃을 때의 입에서 경박한 느낌을 찾을 수 없습니다. 오히려 견고하지요. 또한 웃는 모습이 따뜻합니다. 그래서 이런 경우 아랫니가 다 보여도 그 흉이 크지 않습니다.

입속과 치아는 온전해야 좋다

내가 부모라면 내 치아는 자녀라고 생각하고 관리를 잘 해야 합니다. 만약 빠진 이, 깨진 이가 있다면 반드시 임플란트 등의 시술을 통해서 채워 넣는 게 좋습니다.

치아에 관한 가장 큰 흉은 있어야 할 치아가 없는 것입니다. 어떤 치아도 상관 없습니다. 입을 벌려도 보이지 않는 치아라고 해도, 그 치아가 없다는 것 자체가 큰 흉입니다. 당연히 치아가 깨진 상태, 치아가 빠진 상태를 그대로 두는 것도 큰 흉입니다.

치아가 깨지거나 빠져 있으면 재물도 온전하지 않습니다. 그리고 가장 큰 문제는 자녀에게 넘어가는 흉이 된다는 것입니다. 그러니 빠진 치아, 혹은 깨진 치아가 있다면 꼭 시술을 통해서라도 채워 넣어야 합니다.

연예인들의 고르고 반듯한 치아 때문에 미용적 시술인 라미네이트 시술이 일반인들에게도 유행처럼 번졌는데요. 팔자 주름을 없애는 시술만큼 권하고 싶지 않은 시술입니다. 질병적인 원인 때문에 라미네이트를 꼭 해야 되는 상황이 아니라면 타고난 내 치아를 굳이 갈아버리는 어리석은 행동은 해서는 안 됩니다.

또한 치아의 색이라던가 입속의 상처가 지속되는 것도 재산상의 손실이나 자녀에 관련된 문제로 드러날 수 있습니다(미백을 권하는 것이 아닙니다). 지나치게 색이 어둡거나 한다면 치아나 잇몸 색에서 고한을 읽을 수도 있기 때문에 입과 관련된 모든 것은 단정하고 깨끗한 게 좋습니다.

이러나저러나 충치가 많은 것도 좋지 않고, 입안의 상처가 있는 것도, 치아가 깨지거나 갈아버리는 것도 좋지 않습니다. 그러니 예방 차원에서라도 자기 전에 꼭 양치질을 했으면 좋겠습니다.

머릿결이
자녀운을 결정한다

앞서 곱슬머리를 가진 사람은 성정이 강하고 고집스럽다는 이야기를 했었습니다. 그러면 찰랑거리는 머릿결을 가진 생머리를 가졌다면 어떨까요?

곱슬머리 가진 사람들은 왜 머리를 피려고 하는 것일까요? 여러 이유가 있겠지만, 일단 심한 곱슬머리라면 외관상 단정해 보이지 않습니다. 머리 자체가 부스스하니 산만해 보이기도 합니다.

실제로 관상서에서 곱슬머리가 고집스럽고 성정이 강한데 끈기와 열정이 부족하고 산만하다고 이야기합니다. 덧붙이자면 머리카락이 너무 억세고 굵은 사람도 마찬가지로 봅니다.

머리카락은 사주 오행으로 보자면 목木이지요. 머리를 기준으로 보자면 끝없이 솟아나는(자라나는) 곡직력을 가진 것이 머리카락입니다. 그래서 사주 오행 중 목이 없는 사람들에게 머리카락을 기르라는 조언을 해주는 역술가들도 있습니다.

한편, 머리카락이 적당히 굵고, 부드럽고 윤이 난다면 어떨까요? 자식운을 볼 때 머리카락을 보기도 합니다. 관상에서 몸에 난 털들은 다 양기로 보기 때문에 머리카락은 남성성을 의미합니다. 그러나 머리카락만큼은 길게 기른다고 해도 남성성이 좋다고 보지 않습니다.

대신 수염은 양기이고 남성성이기에 여자가 인중에 수염이 있으면 이것은 흉이고 여자에게 양기가 강하다는 것은 자식운을 논할 때 좋지 못하다고 봅니다. 그러나 남자의 양기에 해당하는 수염이 윤이나고 곱다면 자식운이 좋다고 봅니다. 마찬가지로 여자의 음기에 해당하는 머리카락이 윤이나고 곱다면 이것도 자식운이 좋고 장수도 가능하다고 봅니다.

남자의 수염과 여자의 머리카락을 자식과 연결지어 보는 이유는 심장과 신장이 튼튼해야 탈모가 없고 윤이 나는 머리카락, 수염을 가질 수 있기 때문입니다. 심장과 신장은 음陰과 양陽으로 이것이 조화로워야 머리카락과 수염이 윤기 있고 곧게 잘 난다는 의미입니다. 심장과 신장이 음과 양에 해당한다는 점은 엄마와 아빠, 부모의 혈맥血脈으로 볼 수 있지요. 머리카락과 수염이 좋다는 사실은 농작물이 잘 자랄 수 있는 좋은 밭이 있다는 뜻으로 볼 수 있고, 이는 자손의 유무와 좋고 나쁨까지 볼 수 있는 것입니다.

　머리카락과 수염이 윤이나고 좋다는 뜻은 결국 자식 생산의 밭(부모)이 좋다는 의미입니다. 물론 머리카락, 수염의 상태를 보고 모든 것을 논할 수는 없지만 결혼해서 내 아이의 엄마, 아빠가 되어줄 사람을 고를 때 여자의 머리카락, 그리고 남자의 수염을 유심히 보아서 손해를 볼 것은 없다고 봅니다.

내 인생은 어떤 얼굴을 하고 있는가

초판 1쇄 발행 2024년 9월 27일

지은이 길해
브랜드 온더페이지
출판 총괄 안대현
책임편집 이제호
편집 김효주, 심보경, 정은솔
마케팅 김윤성
표지디자인 김윤남
본문디자인 김혜림

발행인 김의현
발행처 사이다경제
출판등록 제2021-000224호(2021년 7월 8일)
주소 서울특별시 강남구 테헤란로33길 13-3, 7층(역삼동)
홈페이지 cidermics.com
이메일 gyeongiloumbooks@gmail.com (출간 문의)
전화 02-2088-1804   **팩스** 02-2088-5813
종이 다올페이퍼   **인쇄** 재영피앤비
ISBN 979-11-92445-87-8(03300)

- 책값은 뒤표지에 있습니다.
- 잘못된 책이나 파손된 책은 구입하신 서점에서 교환해드립니다.
- 이 책은 저작권법에 의하여 보호를 받는 저작물이므로 무단 전재와 복제를 금합니다.